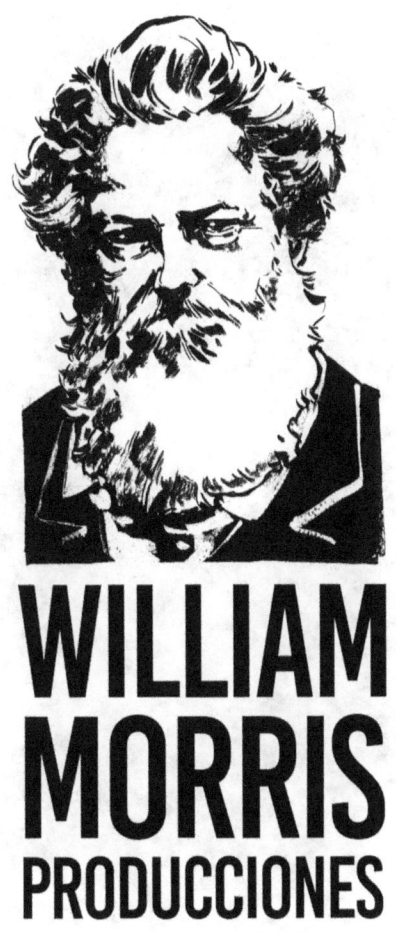

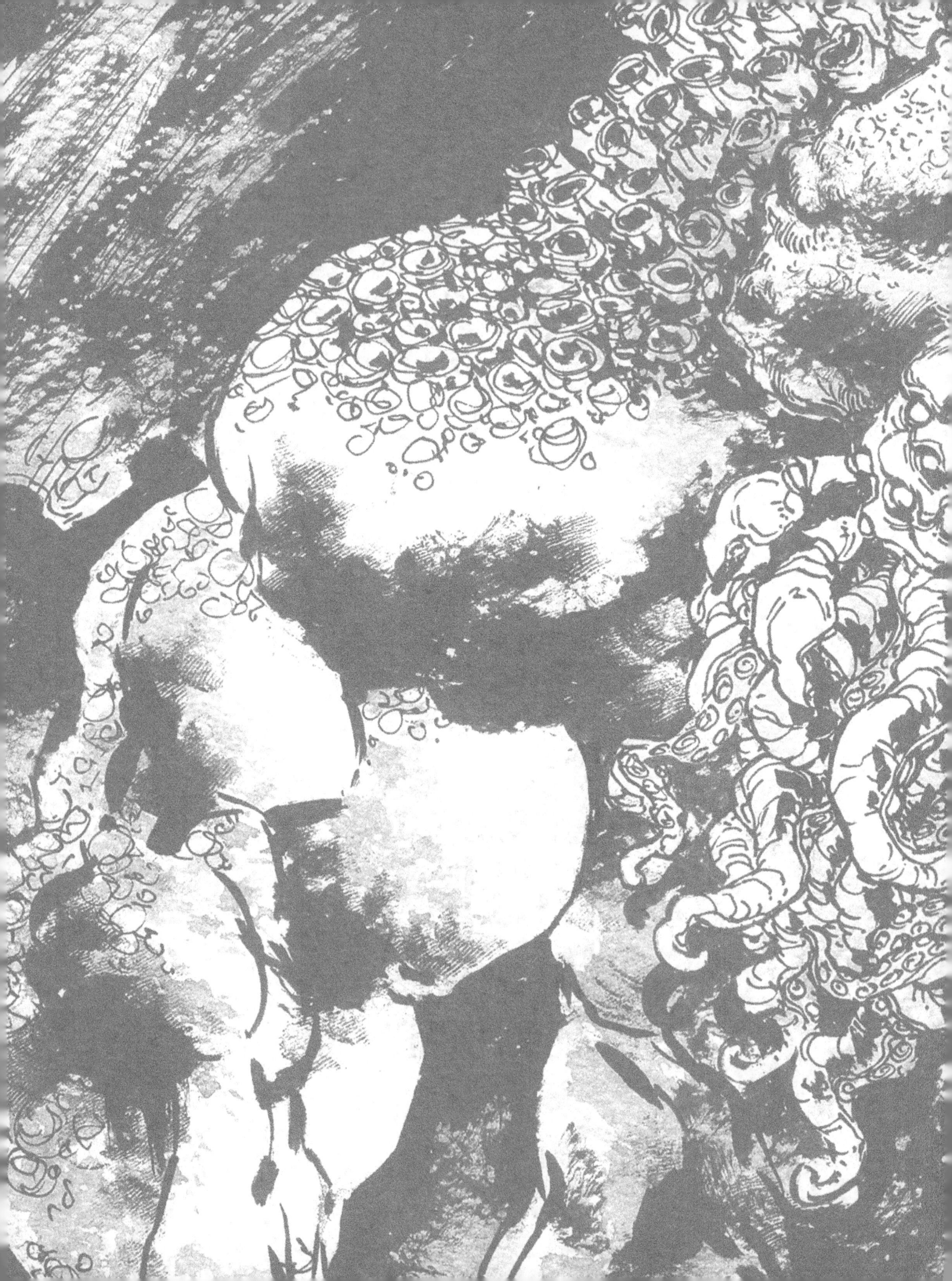

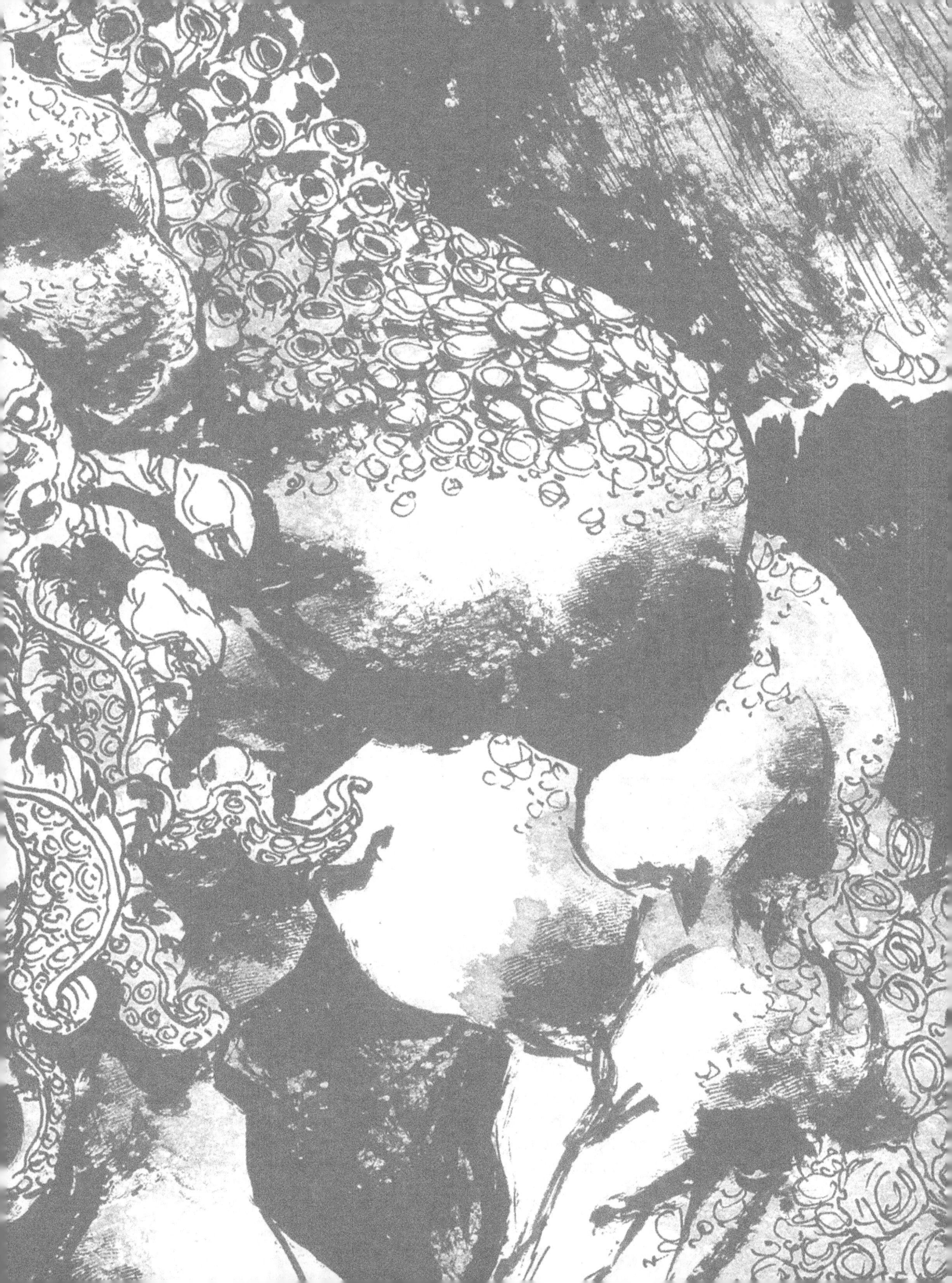

CLAUDIO MUÑOZ
ARTBOOK
TINTACHINA

Por: Claudio Muñoz Cabrera.
Primera edición: Abril 2024.
Portada, diseño y arte: Claudio Muñoz Cabrera.
Producción, edición gráfica, diseño editorial: Claudio Muñoz Cabrera.
La tipografía para "ARTBOOK" fue creada por Dharma Type.
La tipografía para "TINTA CHINA" fue creada por Vic Fieger.

Claudio Muñoz Cabrera.
Youtube.com/ClaudioMunozArtist
Instagram: @claudiomunozartist
www.facebook.com/ClaudioMunozArt

Todas las obras, historias, personajes y situaciones presentadas en este volumen son propiedad de sus respectivos autores y esta expresamente prohibida su reproducción por cualquier medio sin su autorización específica. Todo el arte presentado en este volumen es cración de Claudio Muñoz Cabrera.
Esta es una obra dirigida a un público con criterio formado. Todas las frases presentadas en cada historia son propiedad de sus correspondientes autores.
Todos los derechos reservados. Ninguna parte de esta publicación puede ser reproducida, transmitida o almacenada de ninguna forma y en ningún medio mecánico, físico u óptico, conocido o por conocerse, sin la autorización expresa del titular de los derechos.
William Morris Producciones es un nombre de fantasía usado por el autor para autopublicar sus obras y no se constituye como editorial desde el punto de vista legal.

CLAUDIO MUÑOZ
ARTBOOK
TINTACHINA

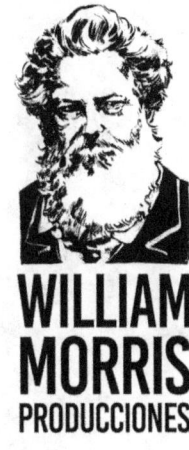

WILLIAM MORRIS
PRODUCCIONES

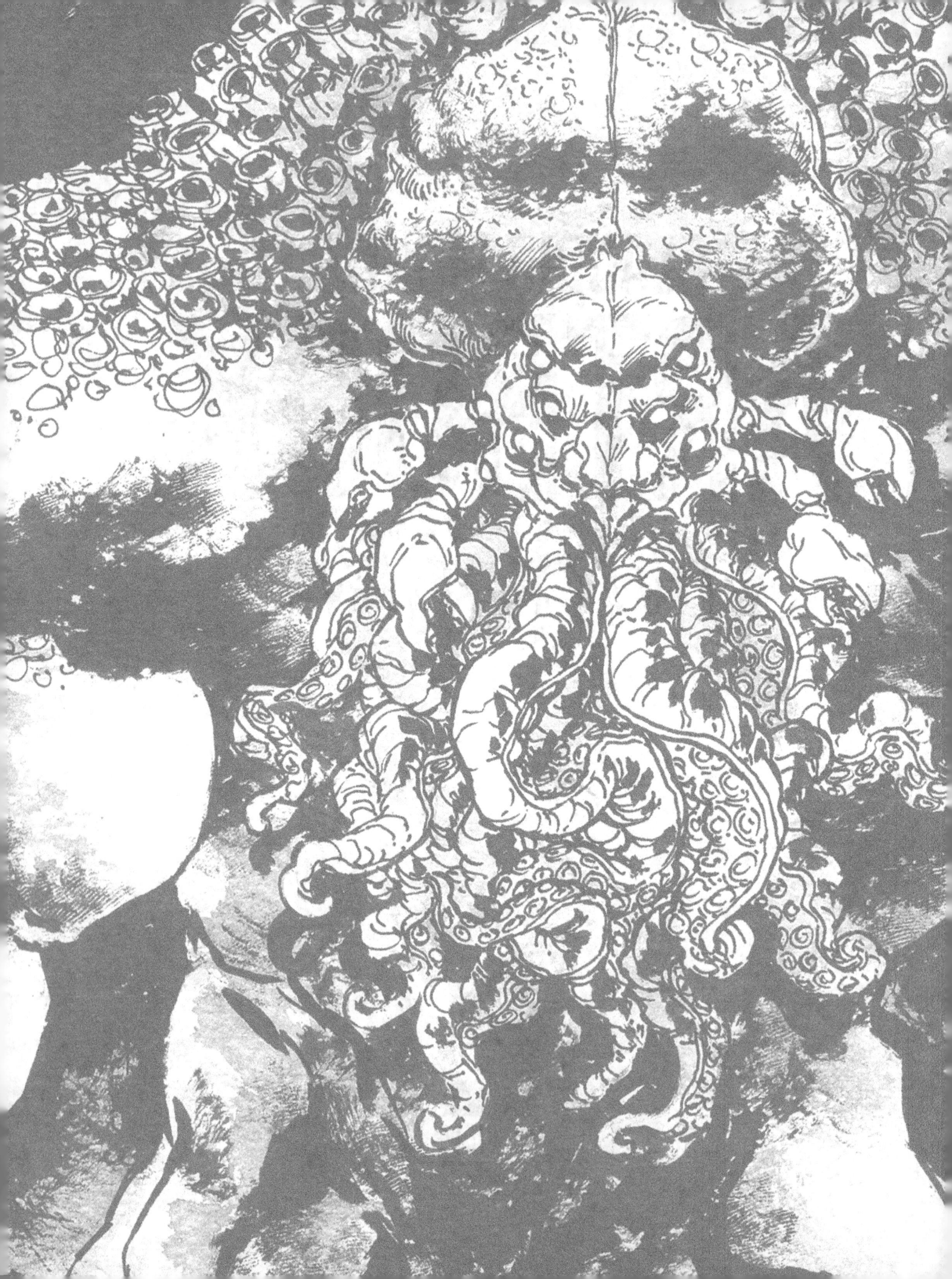

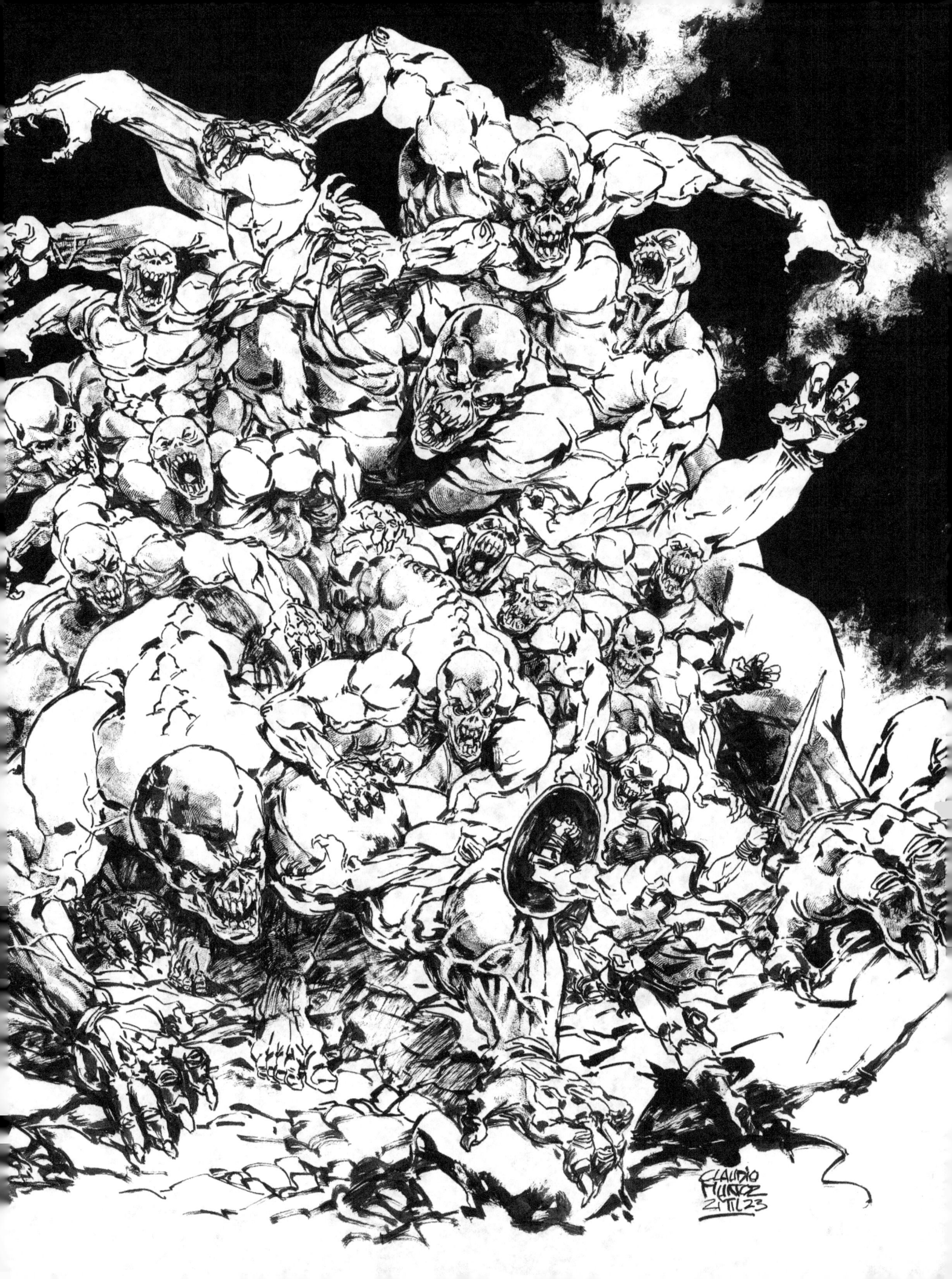

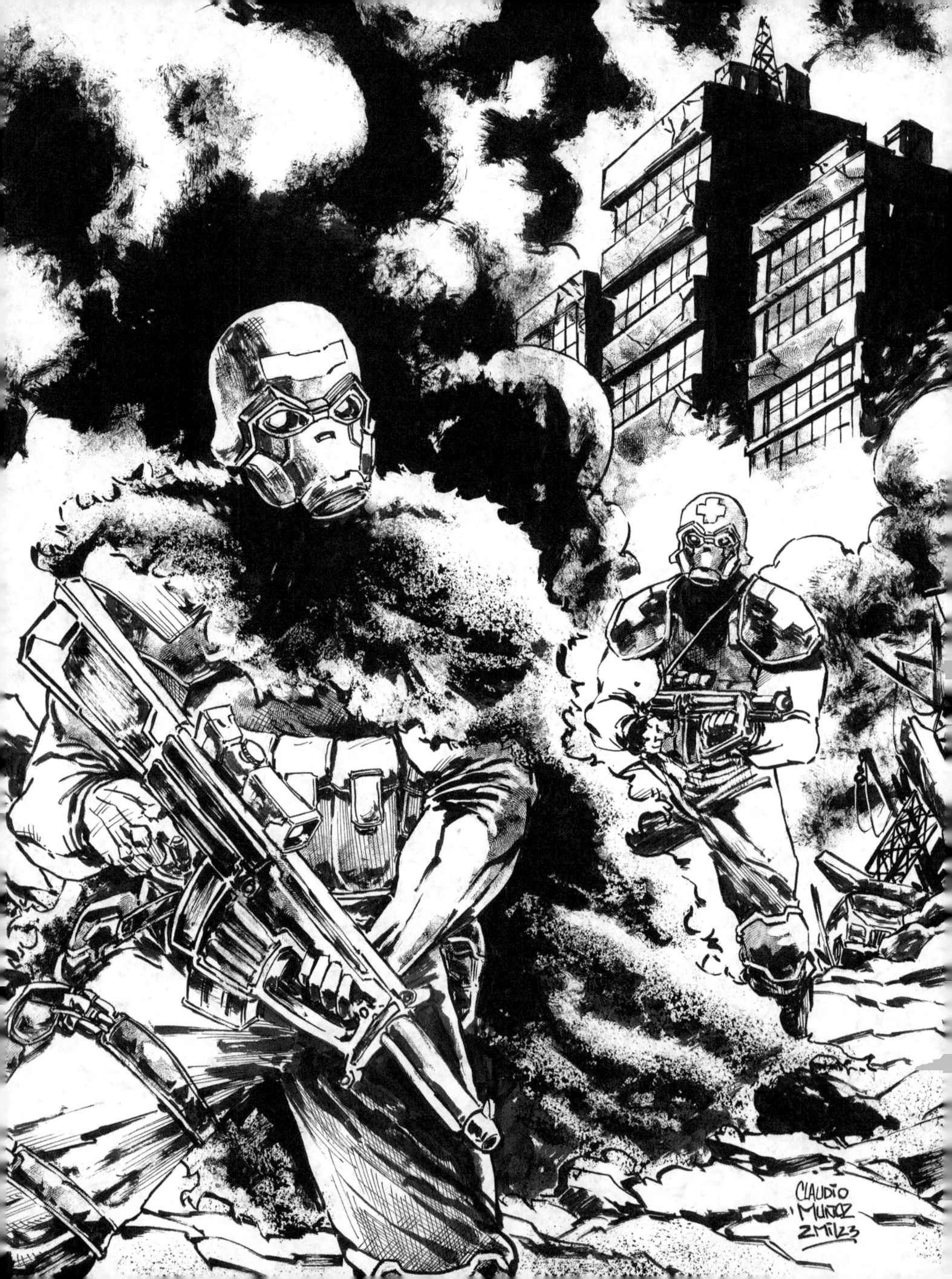

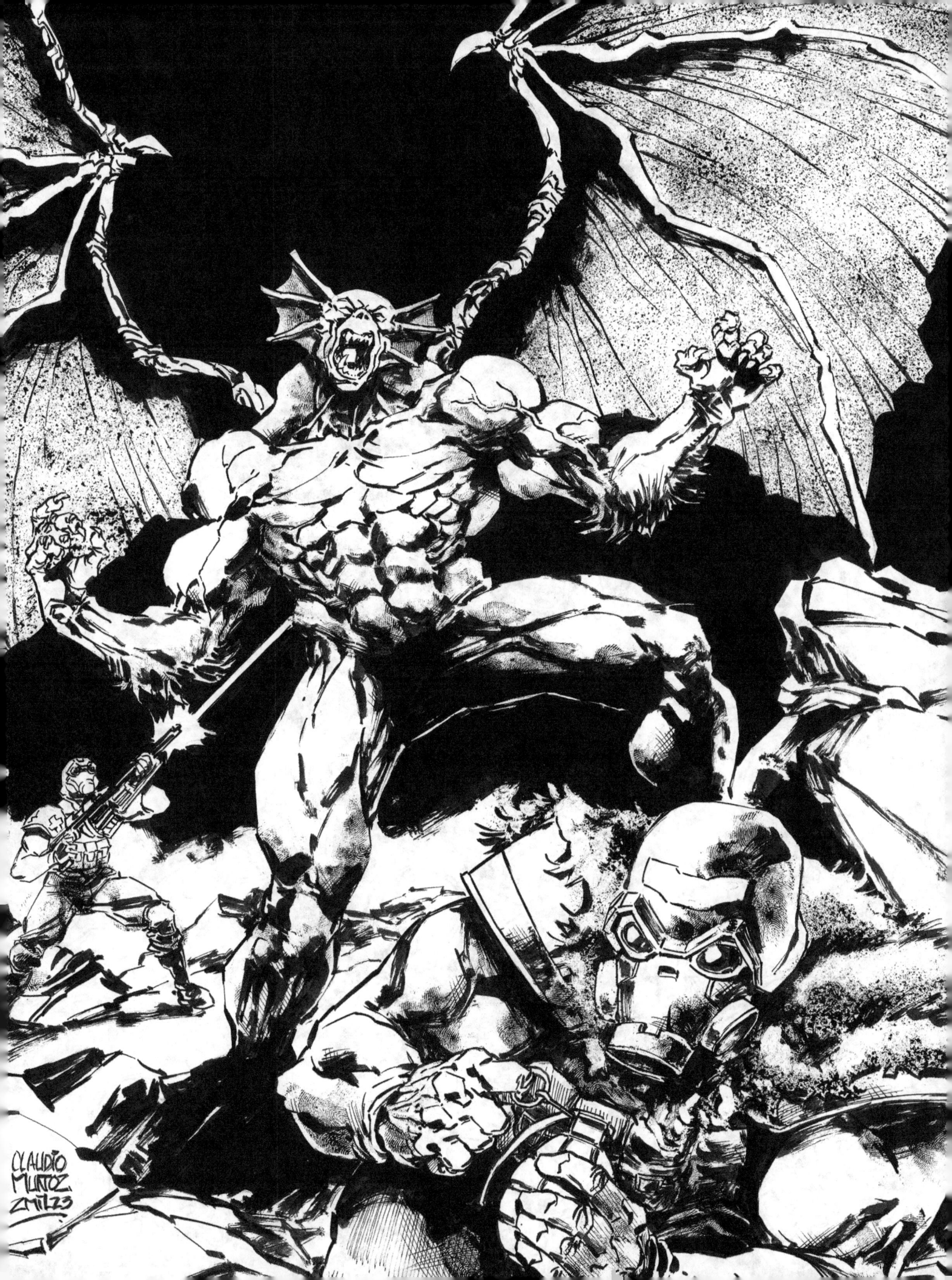

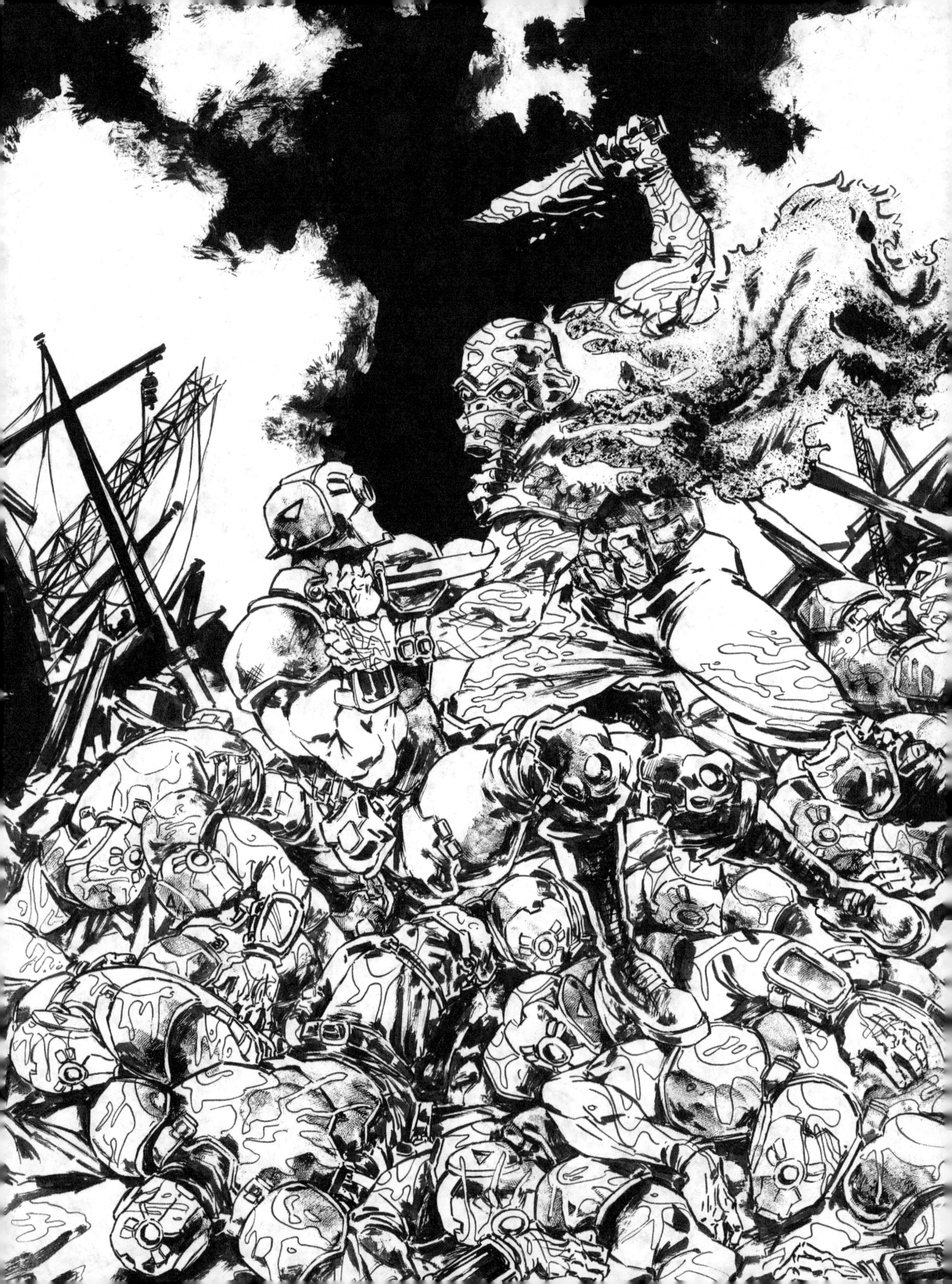

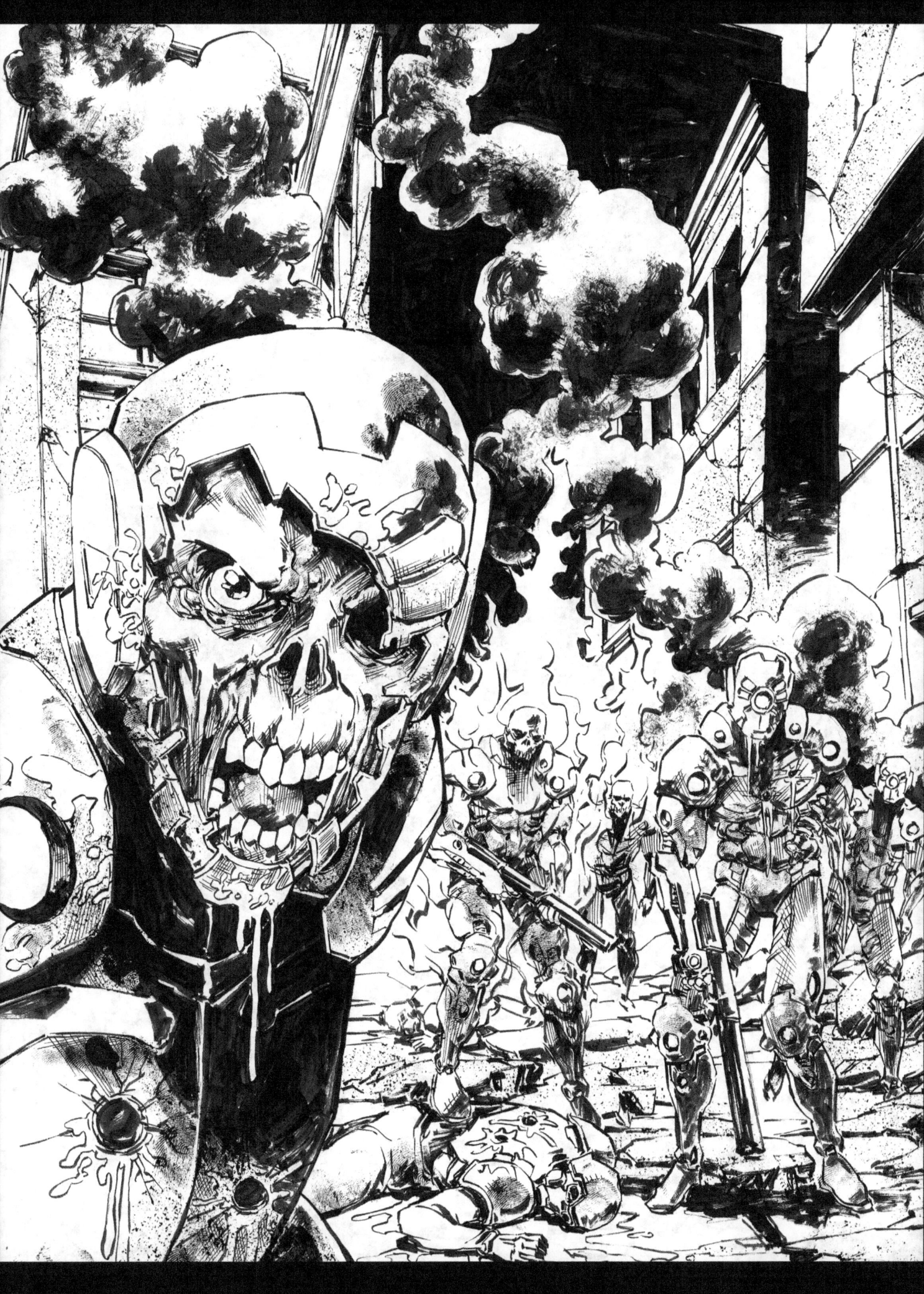

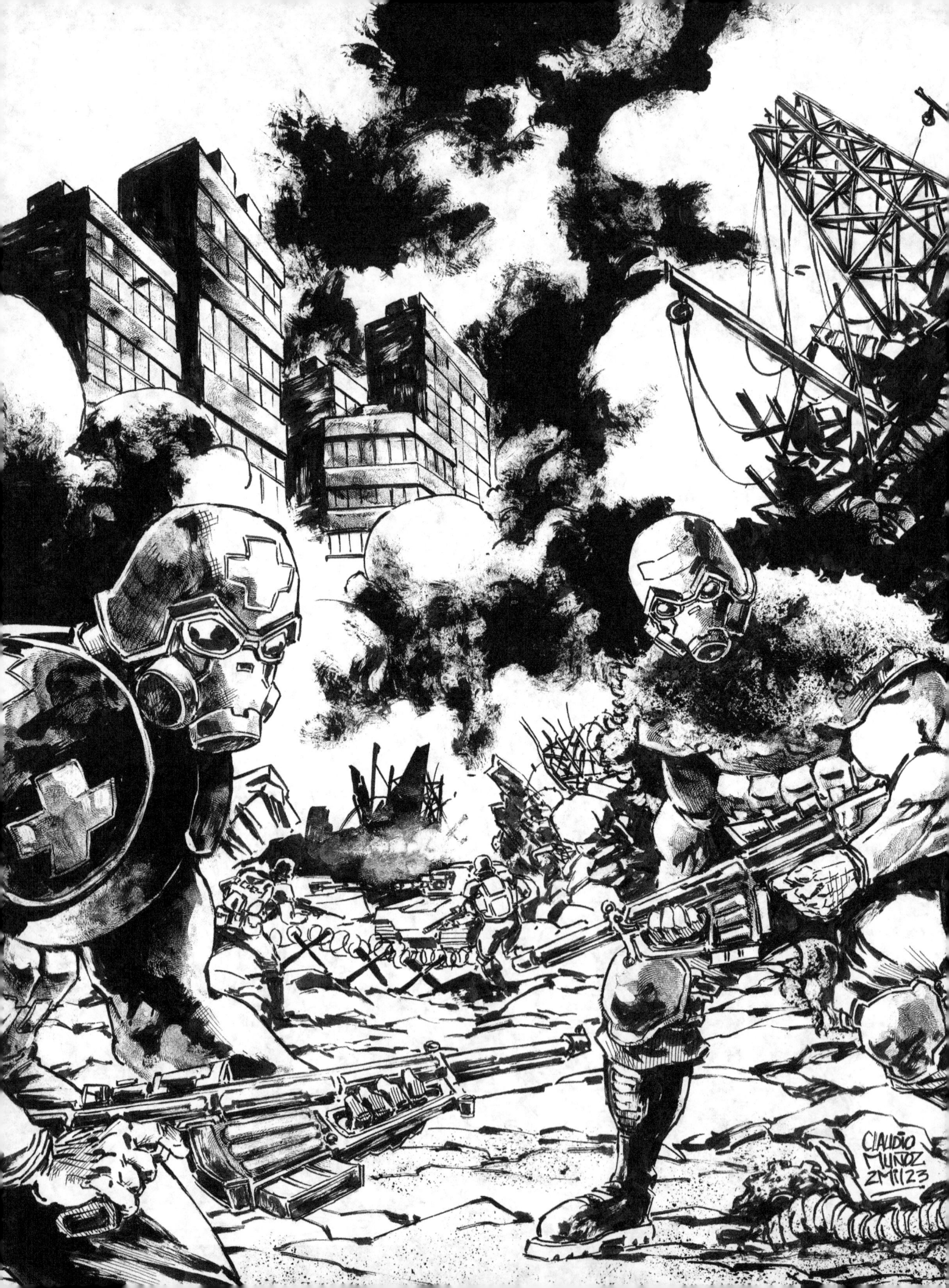

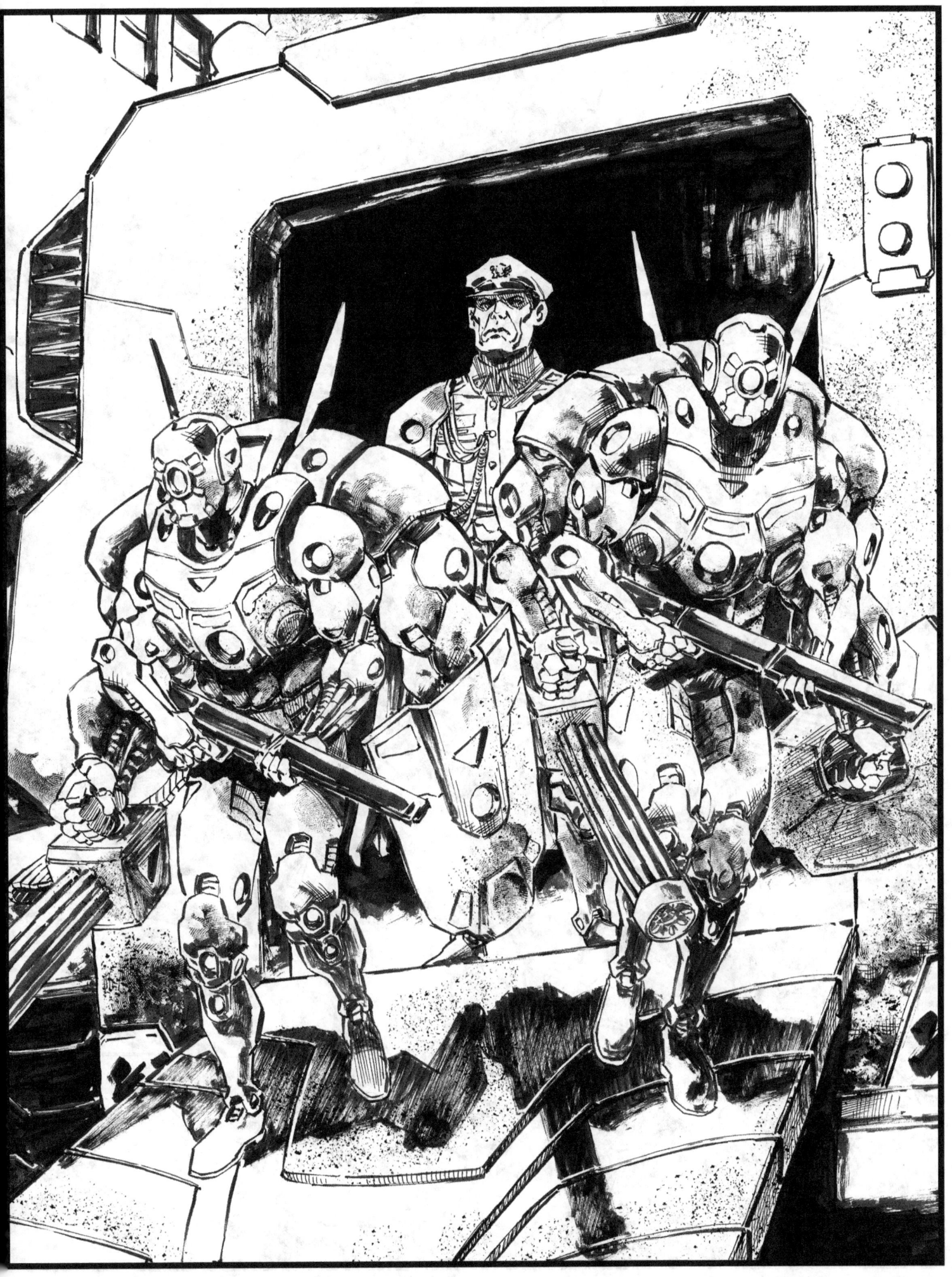

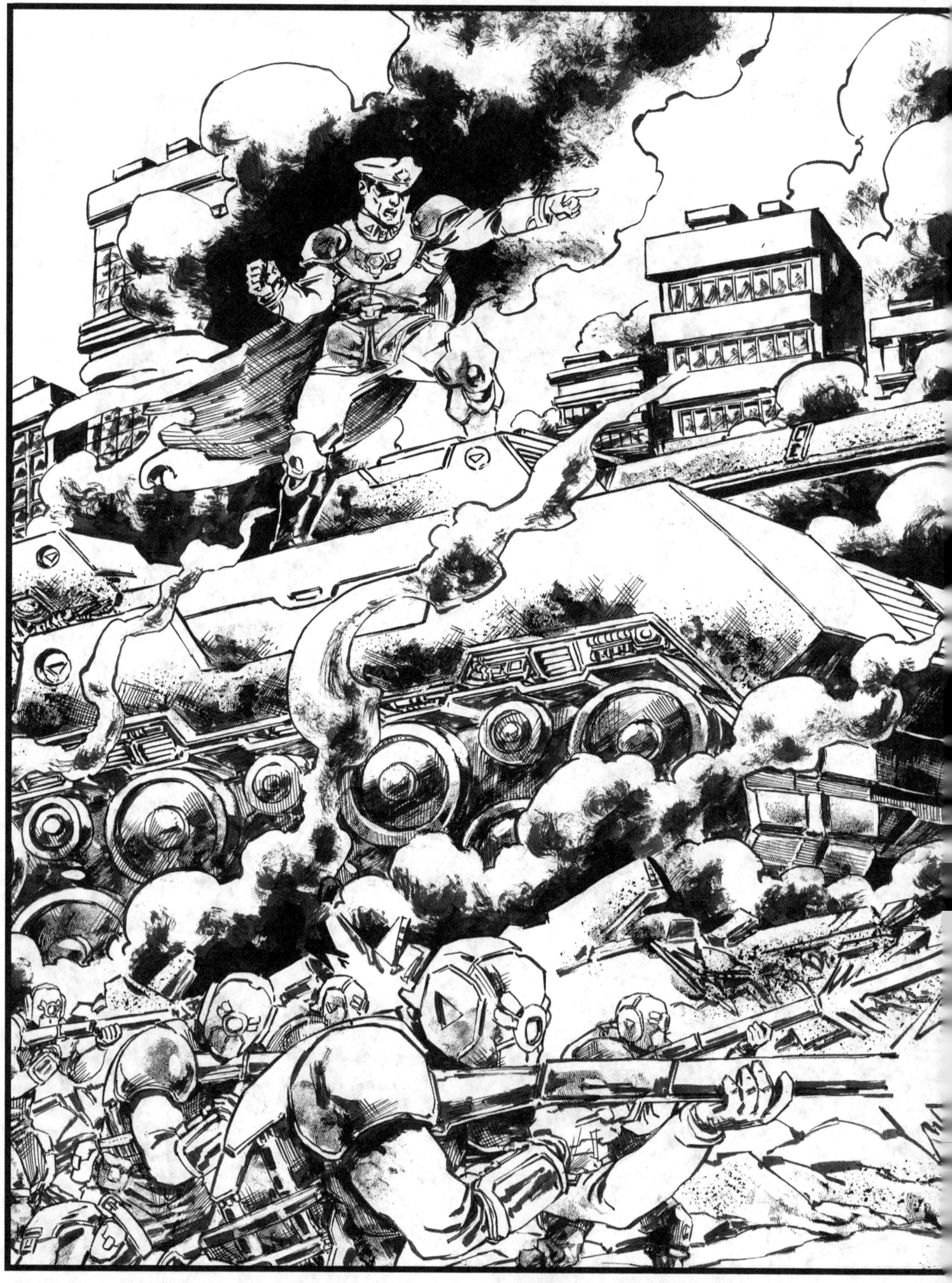

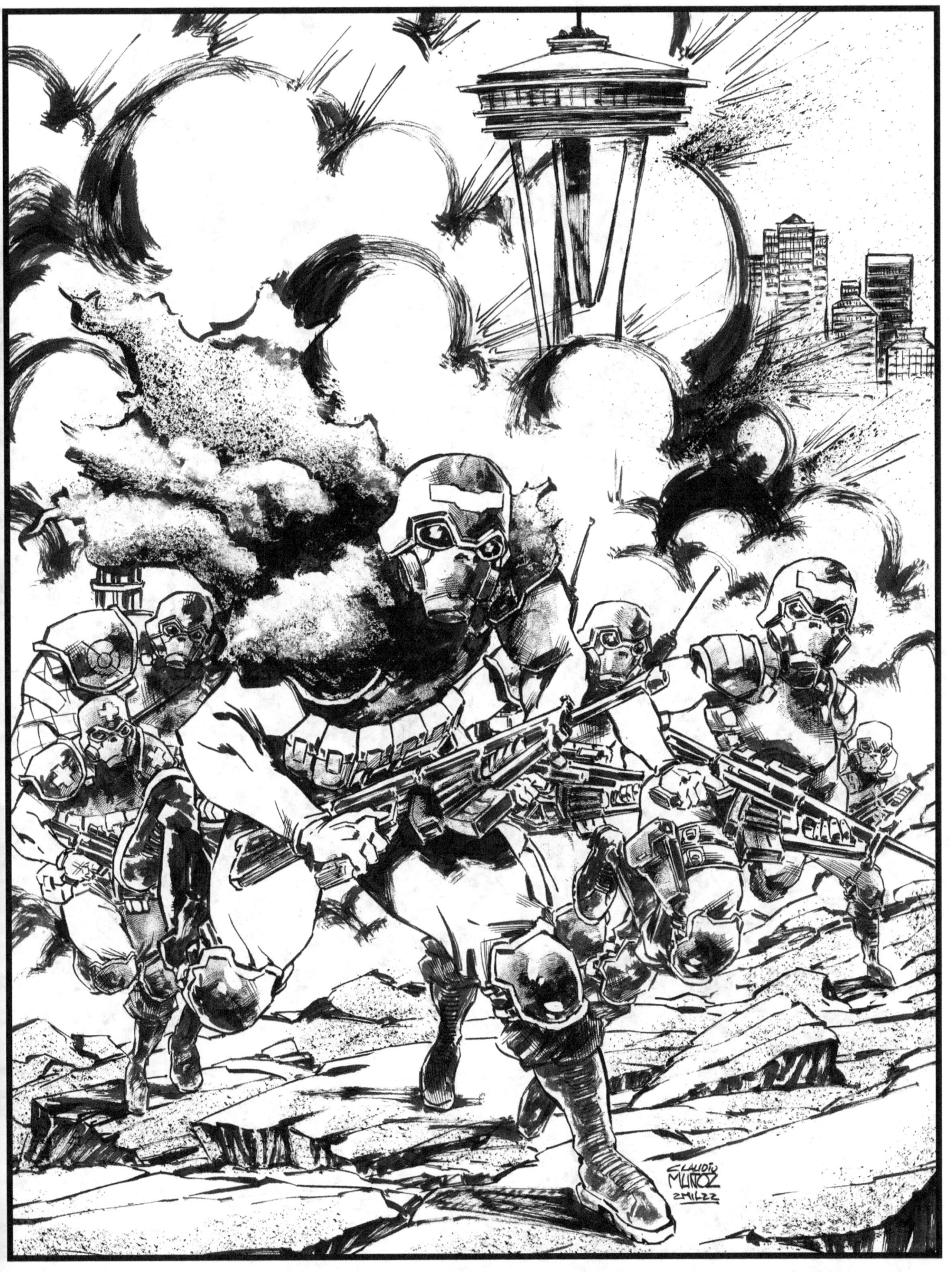

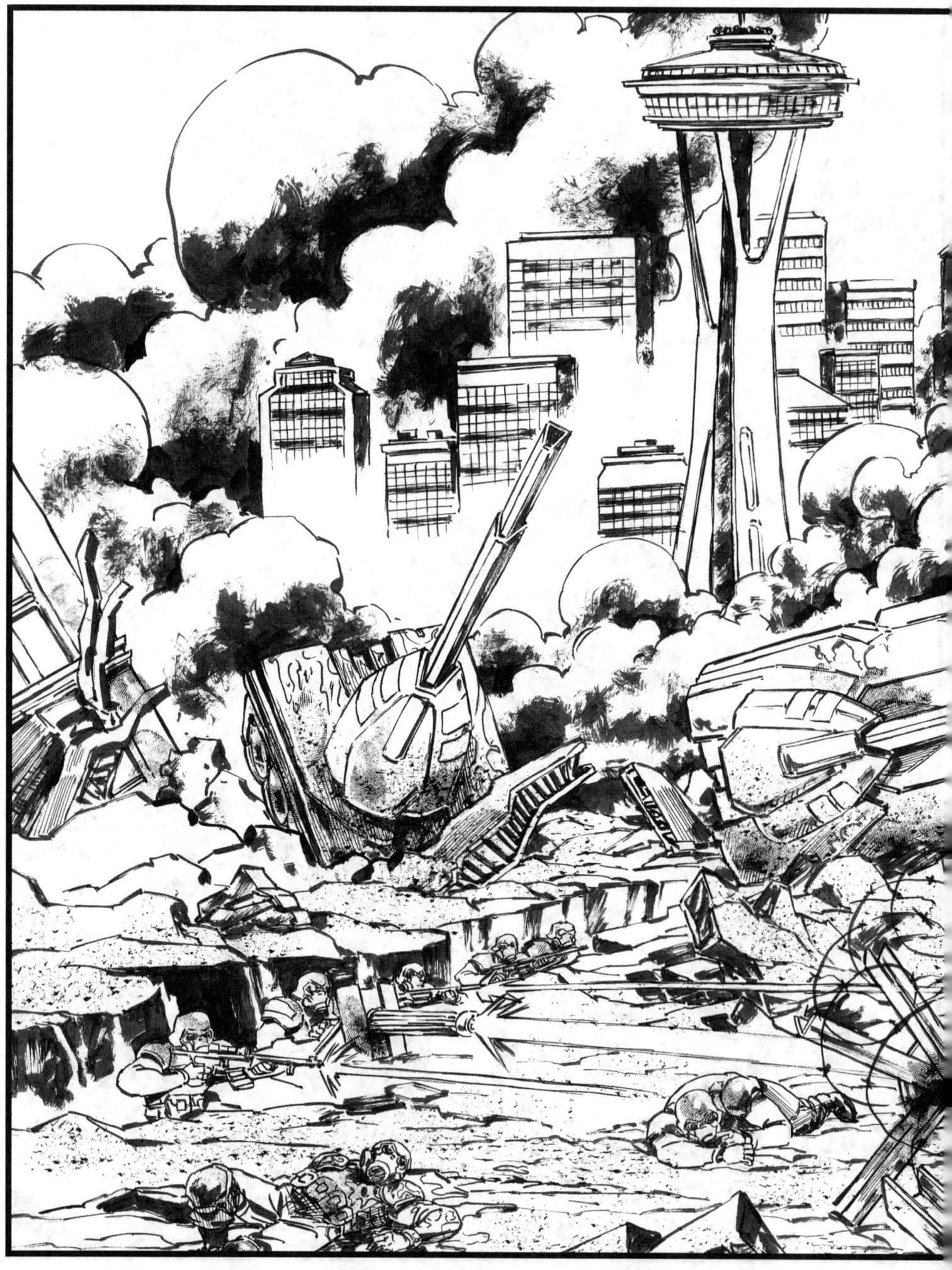

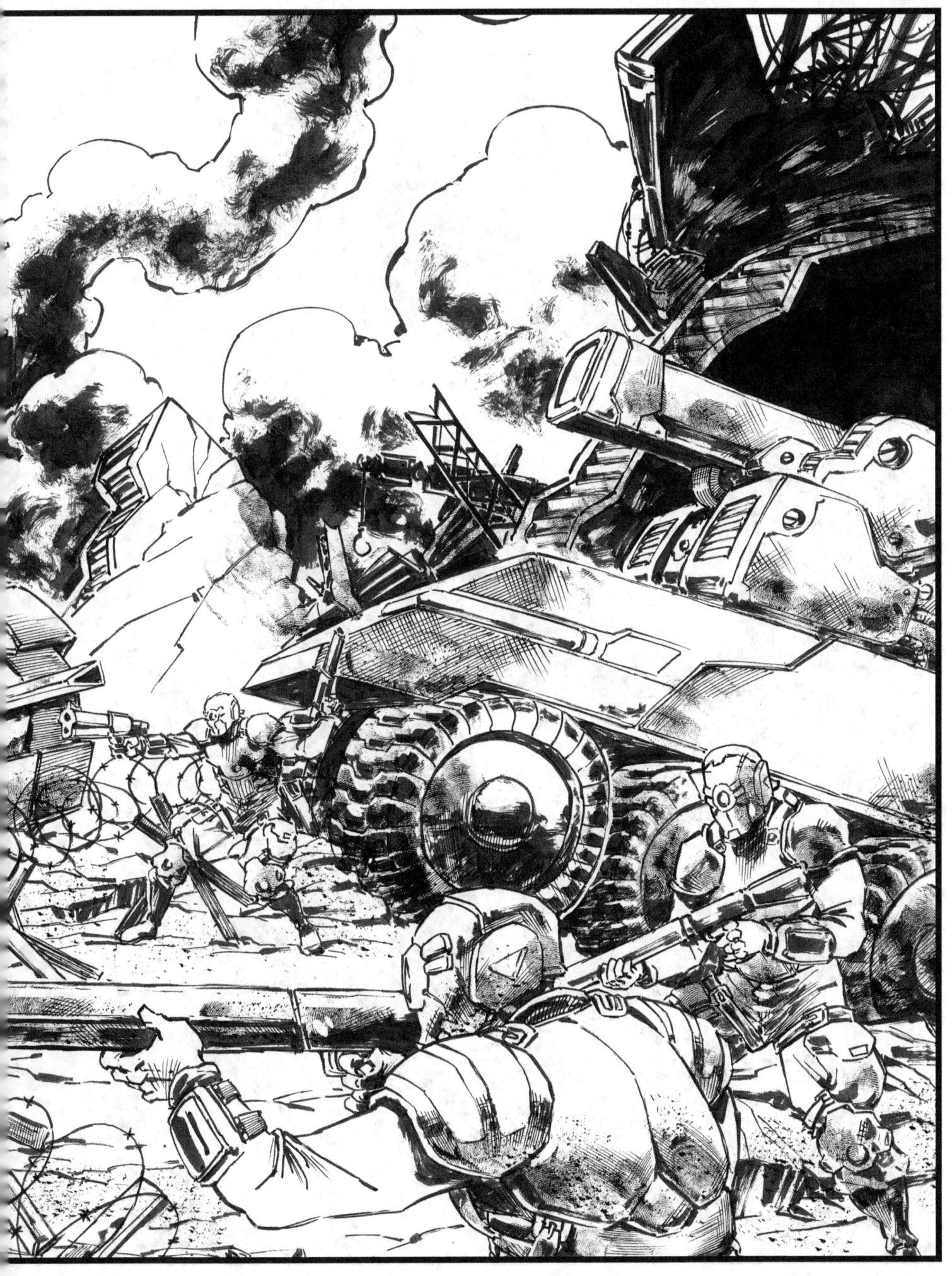

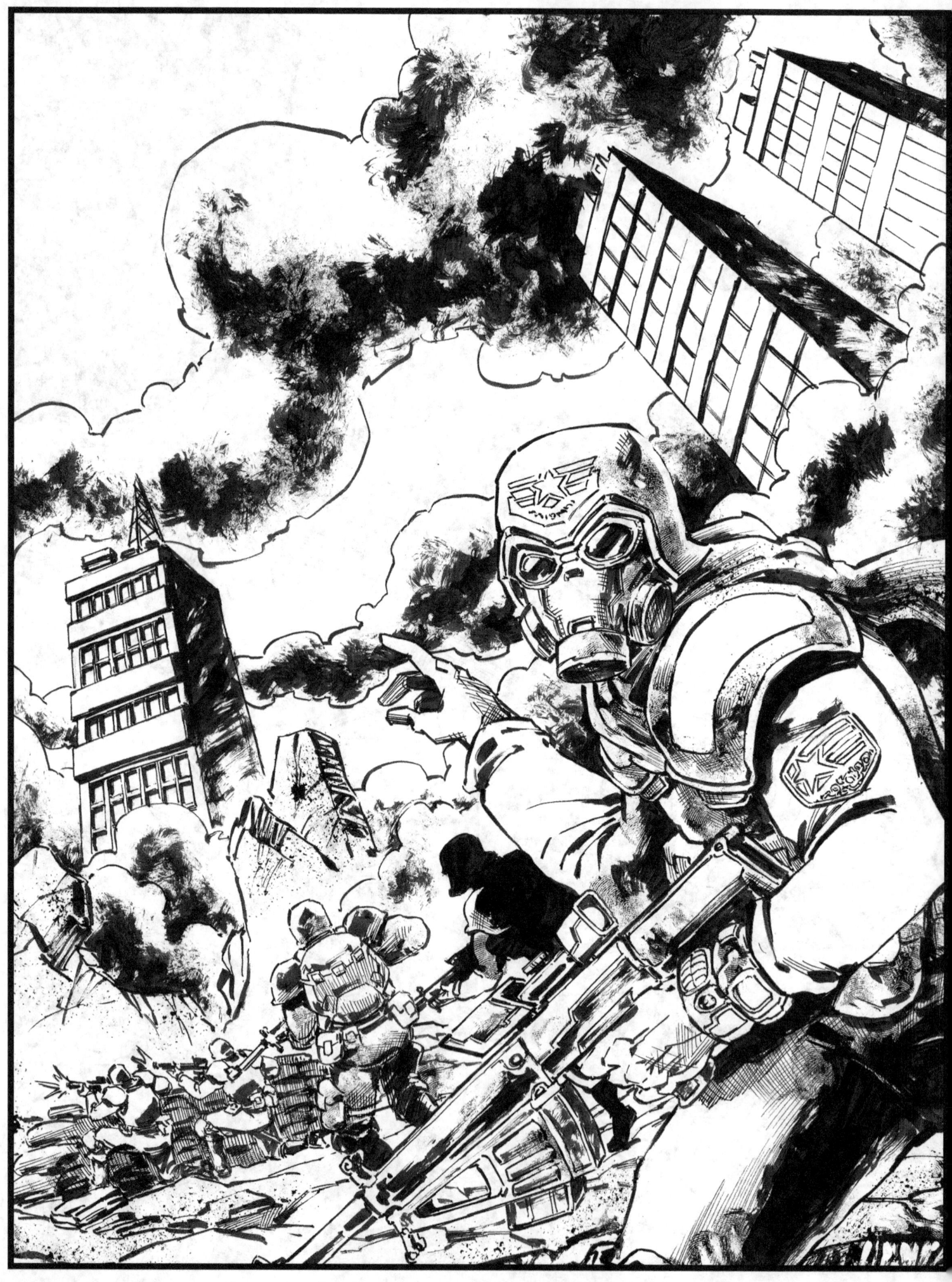

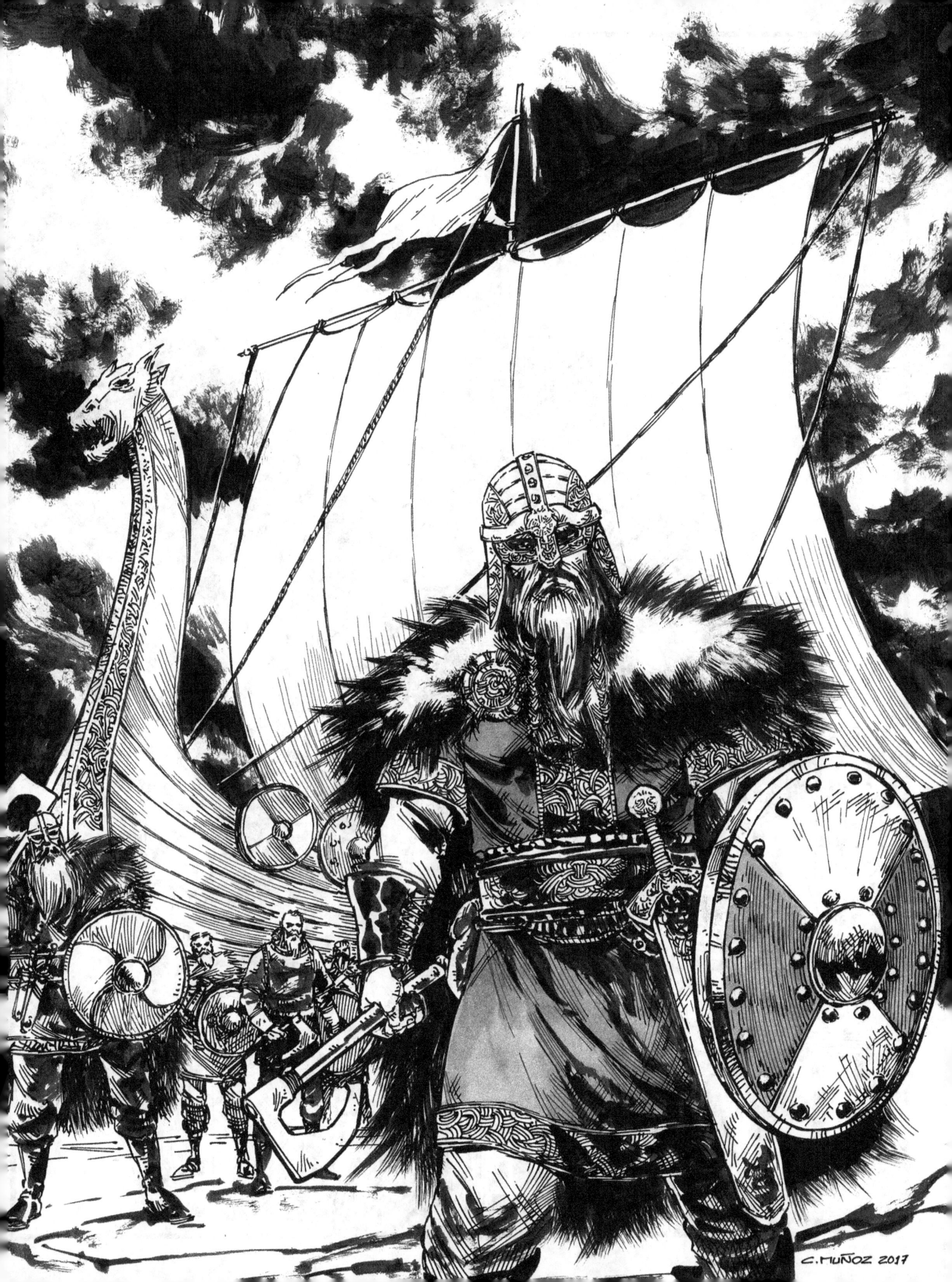

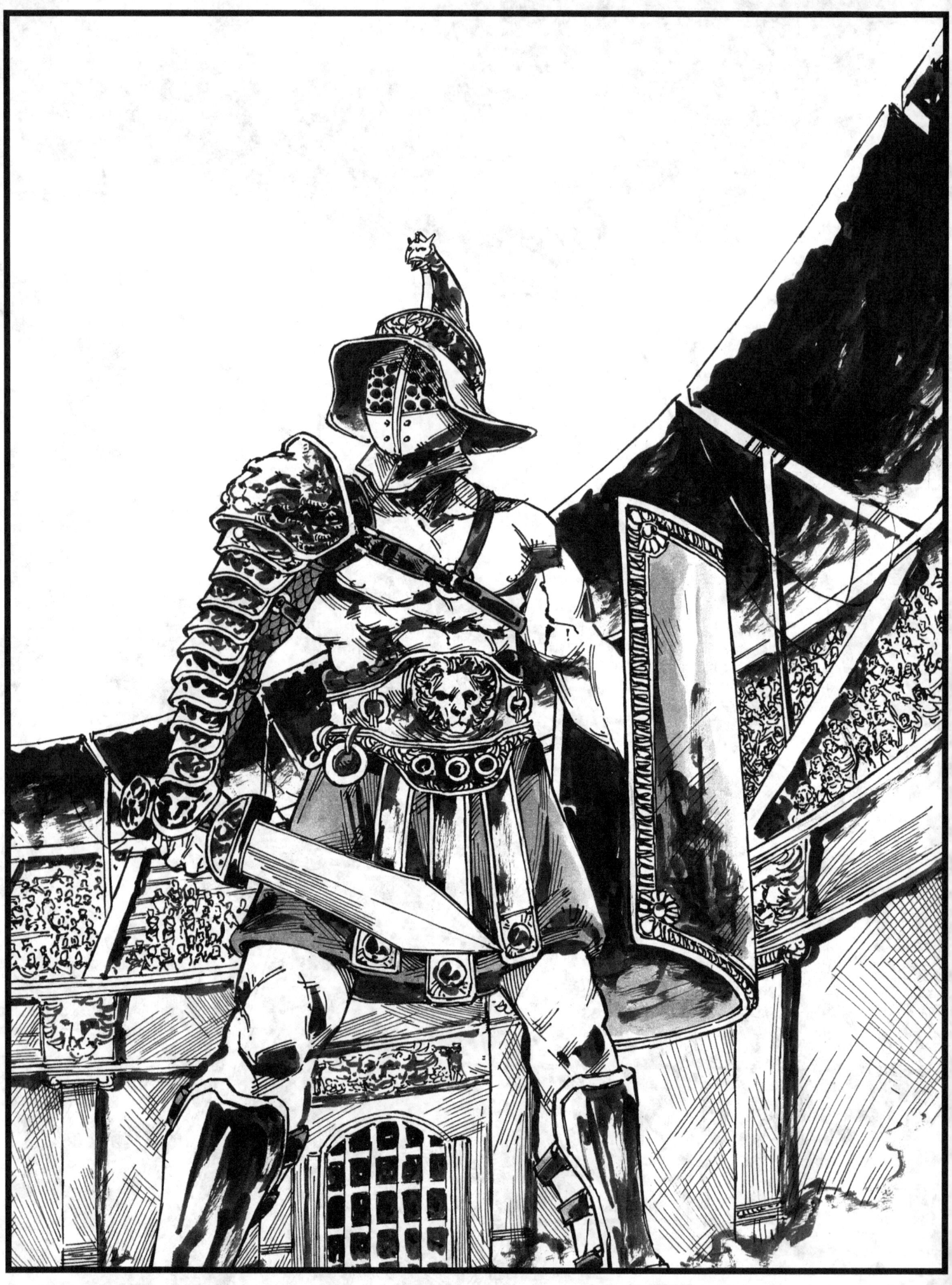

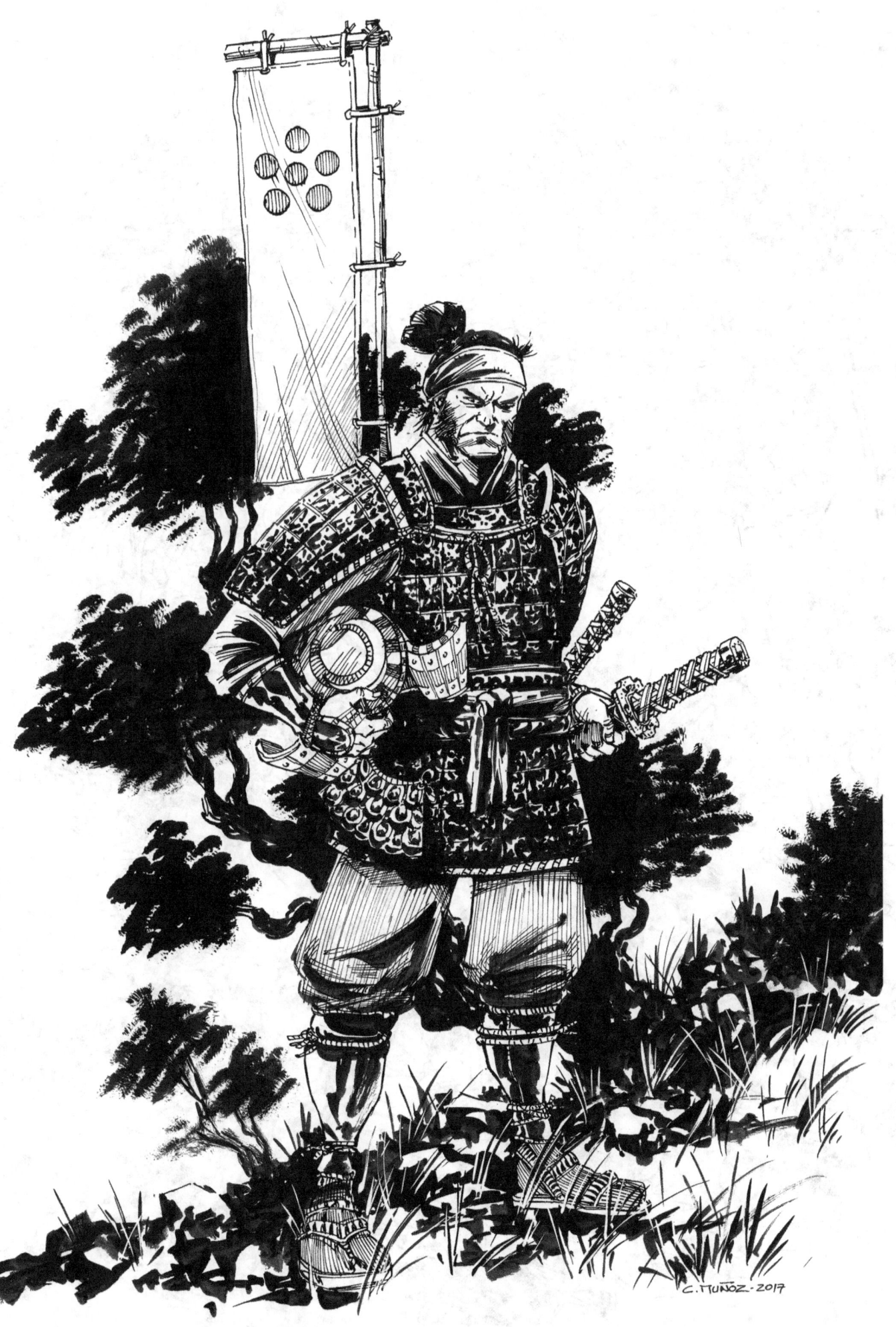

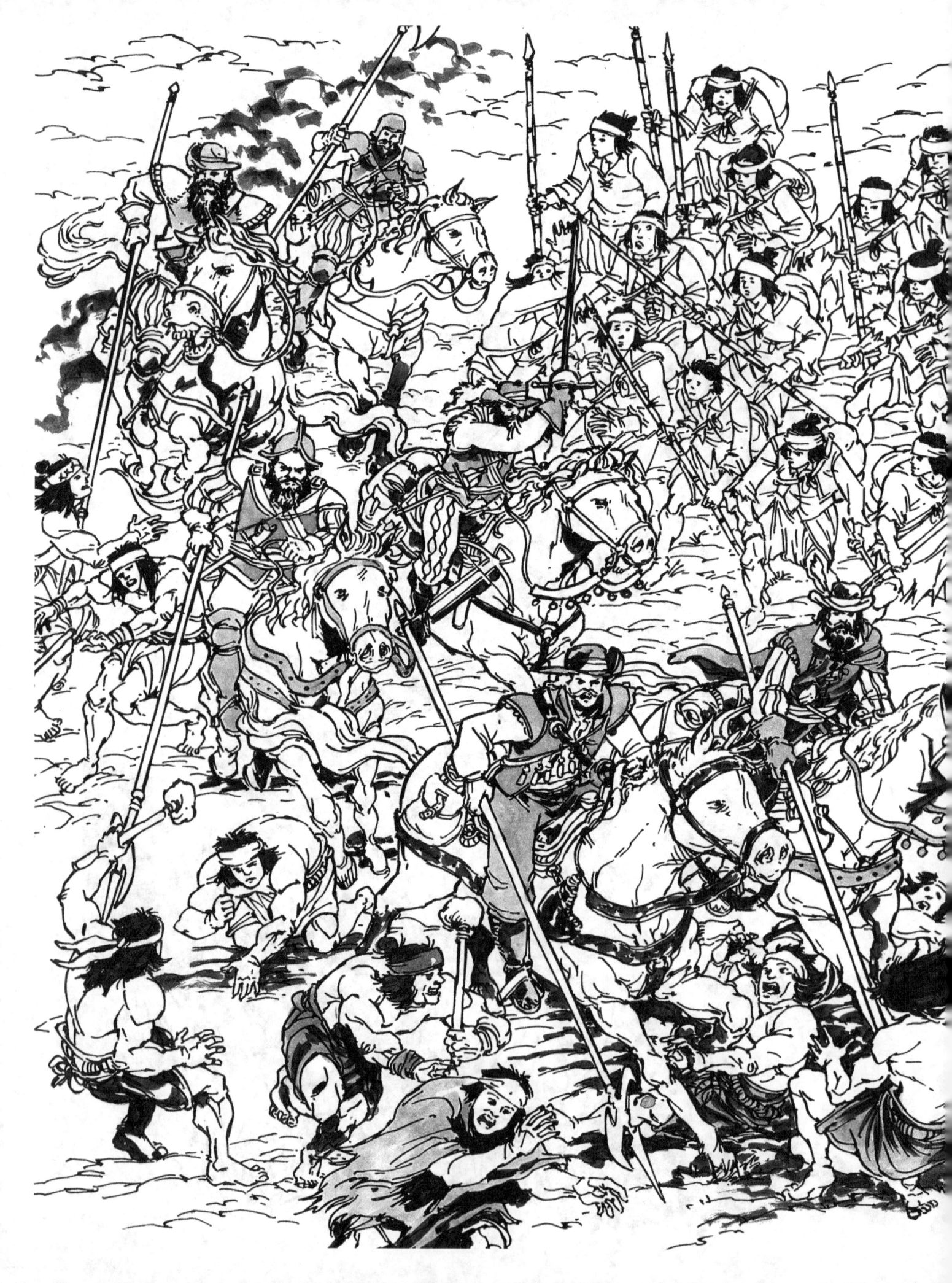

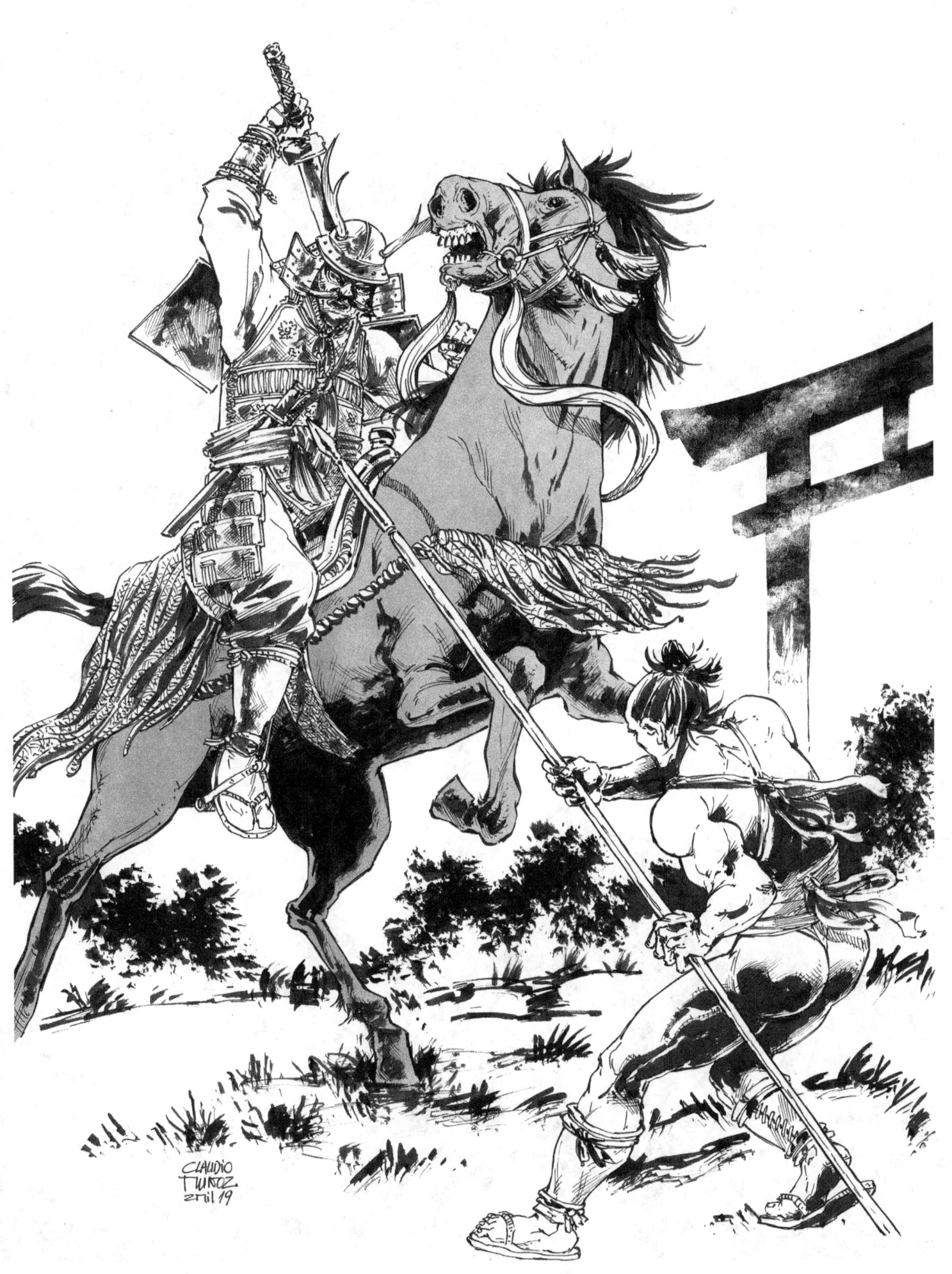

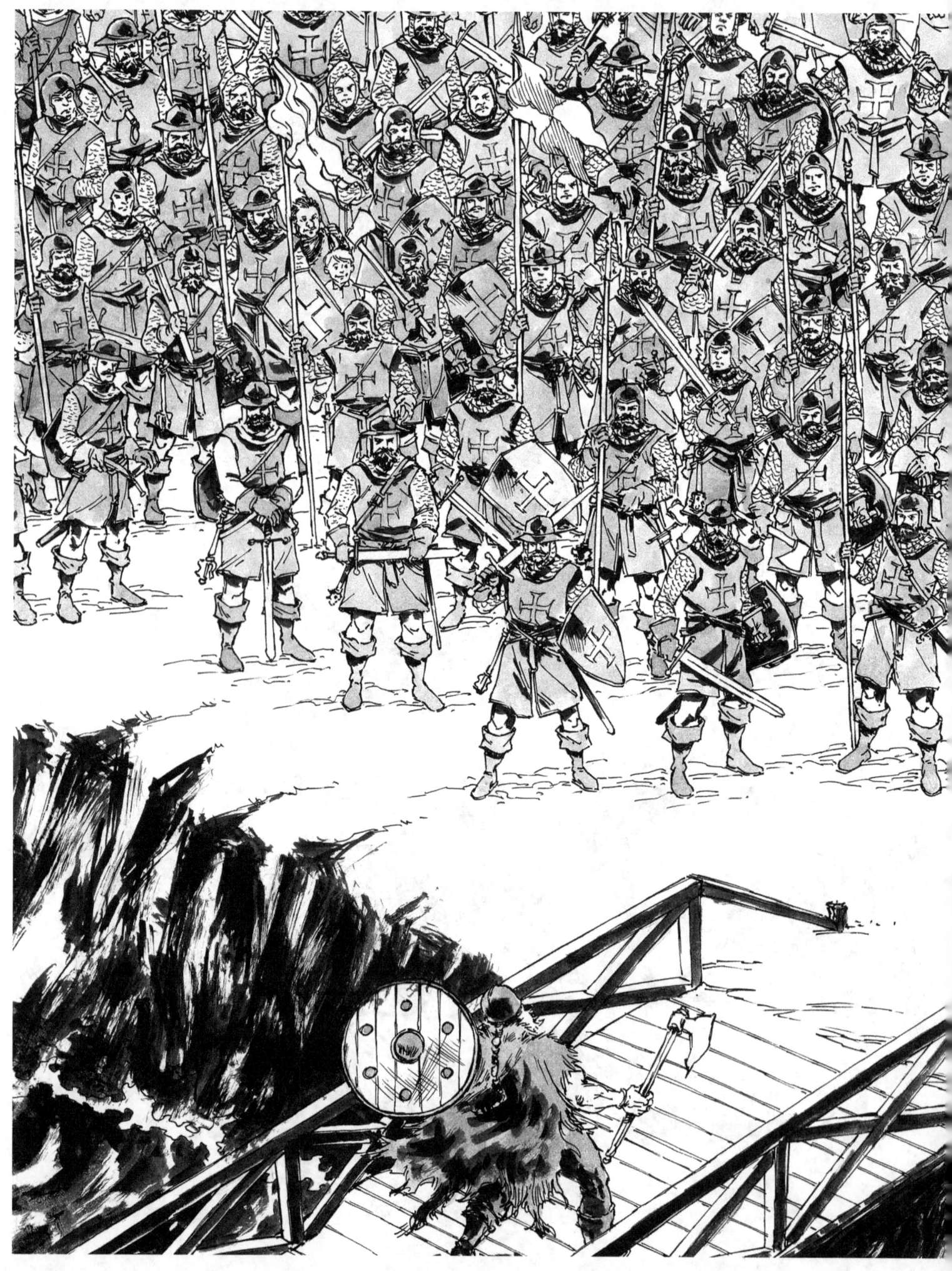

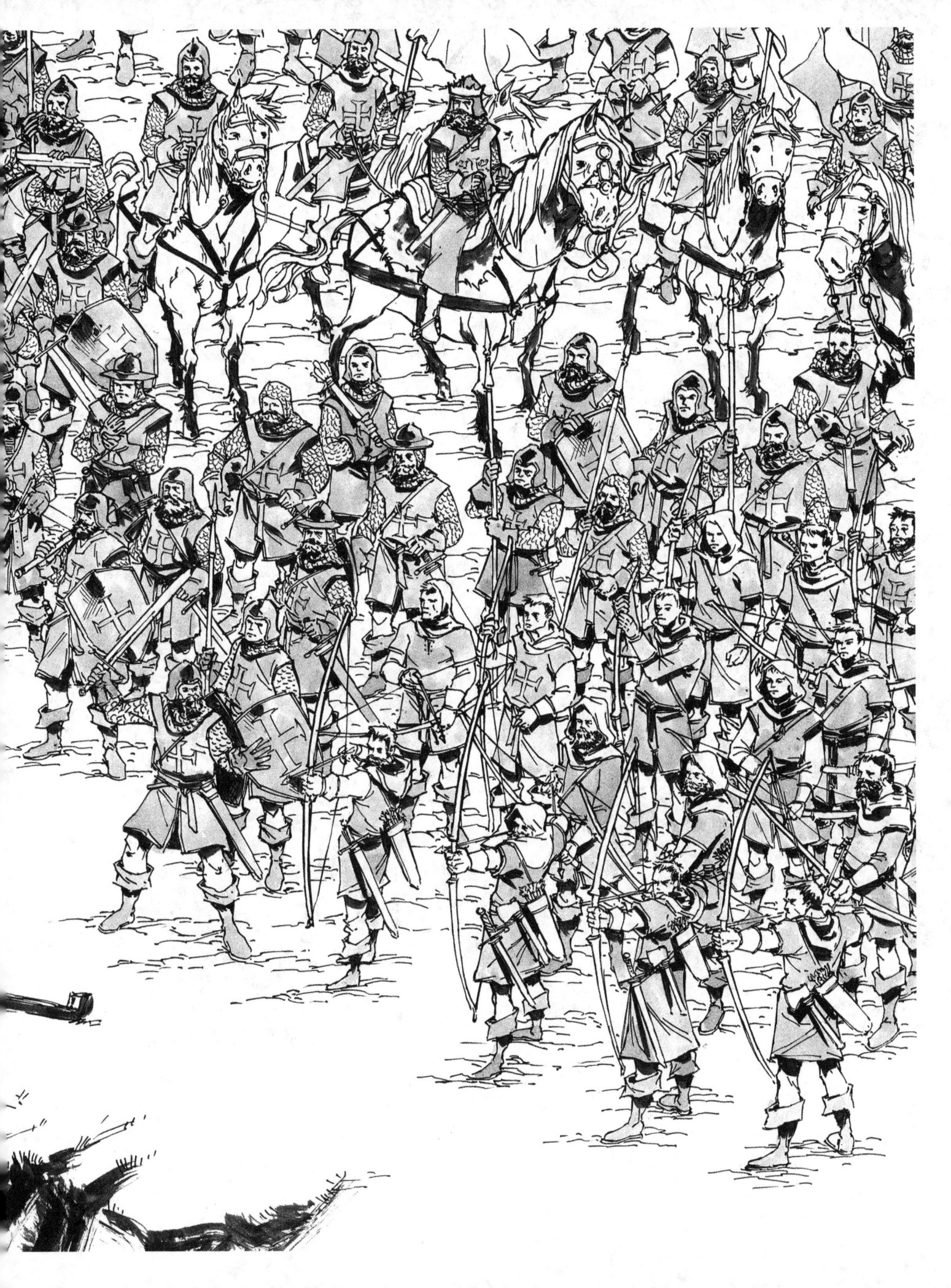

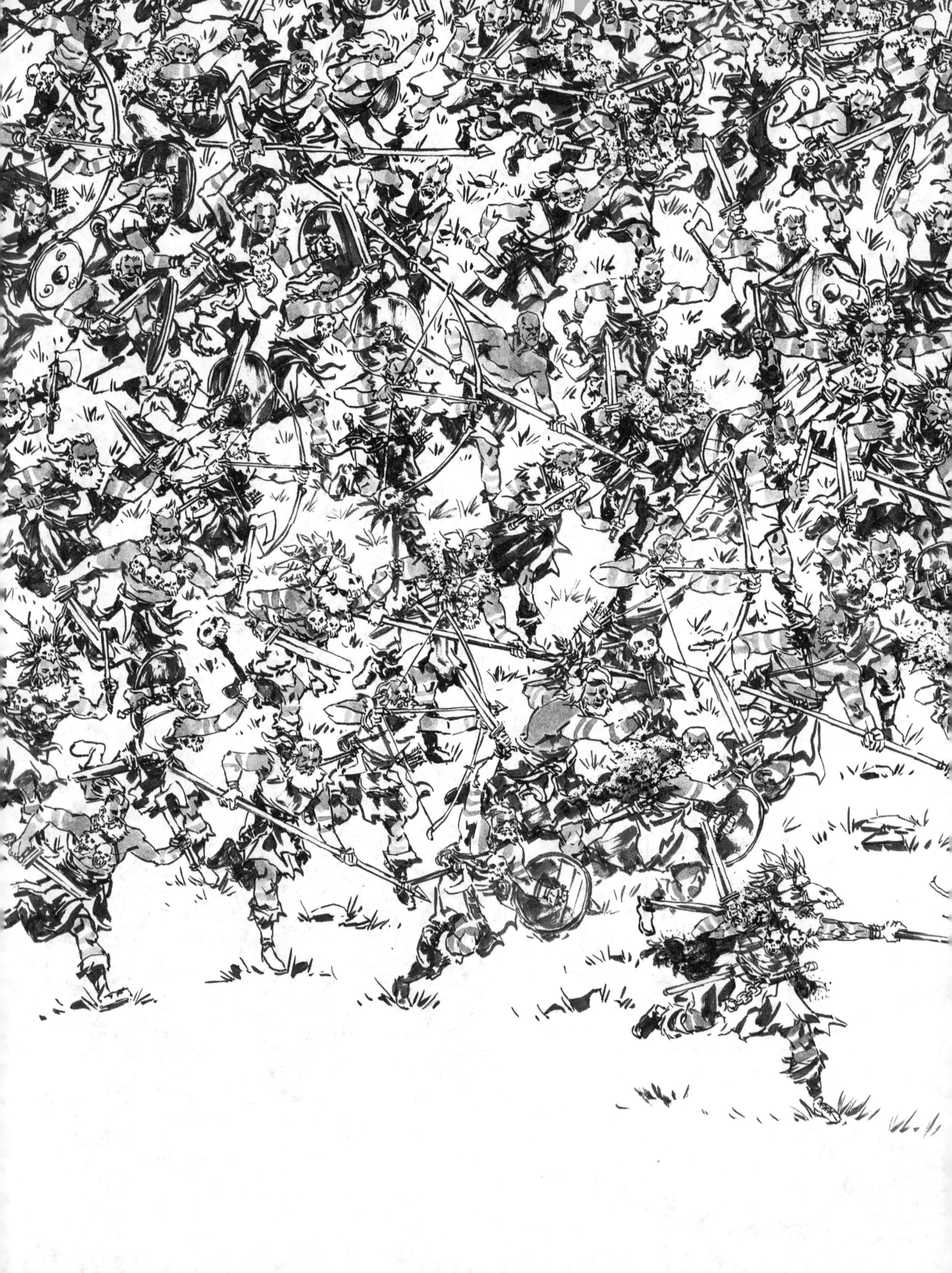

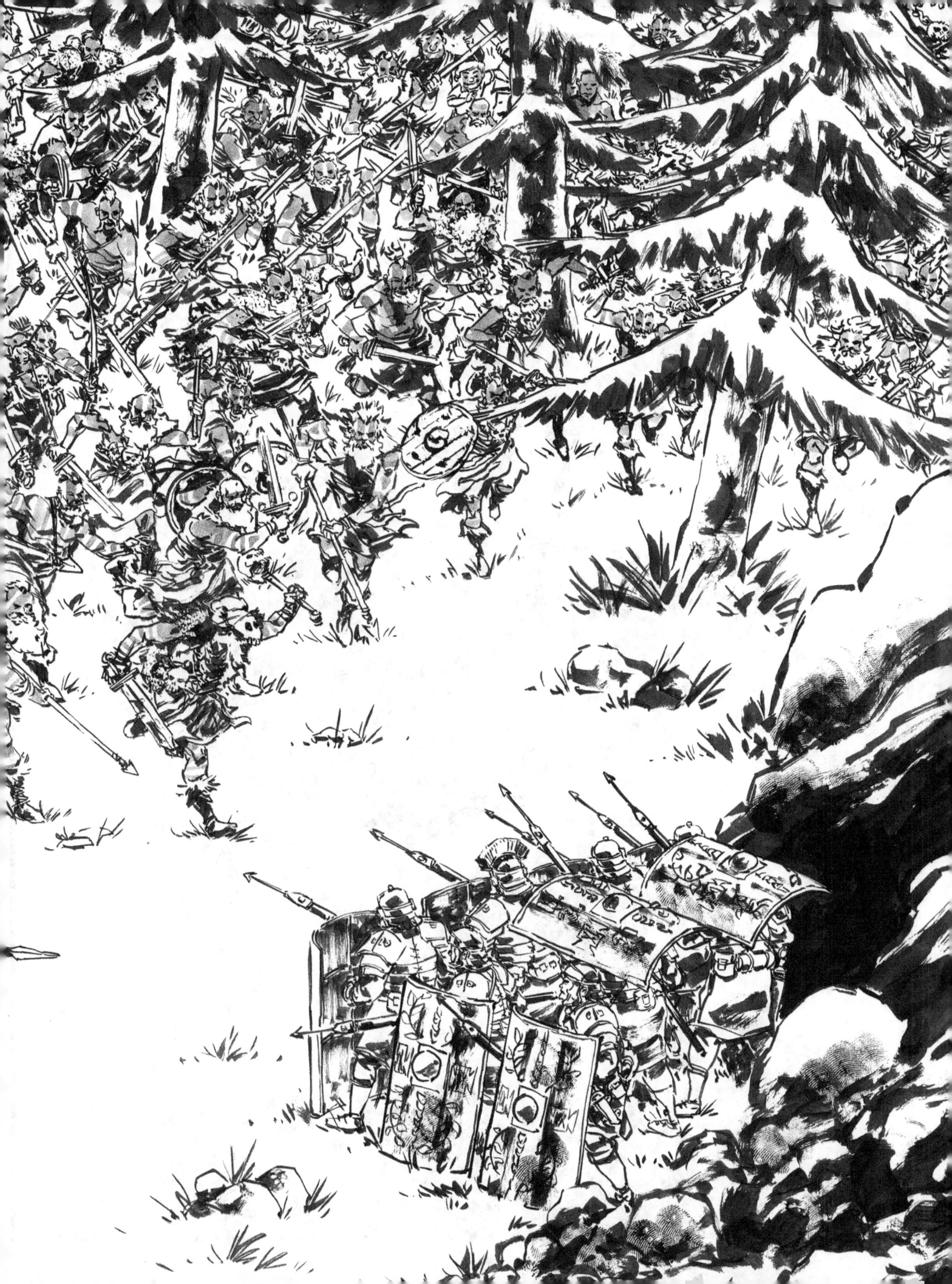

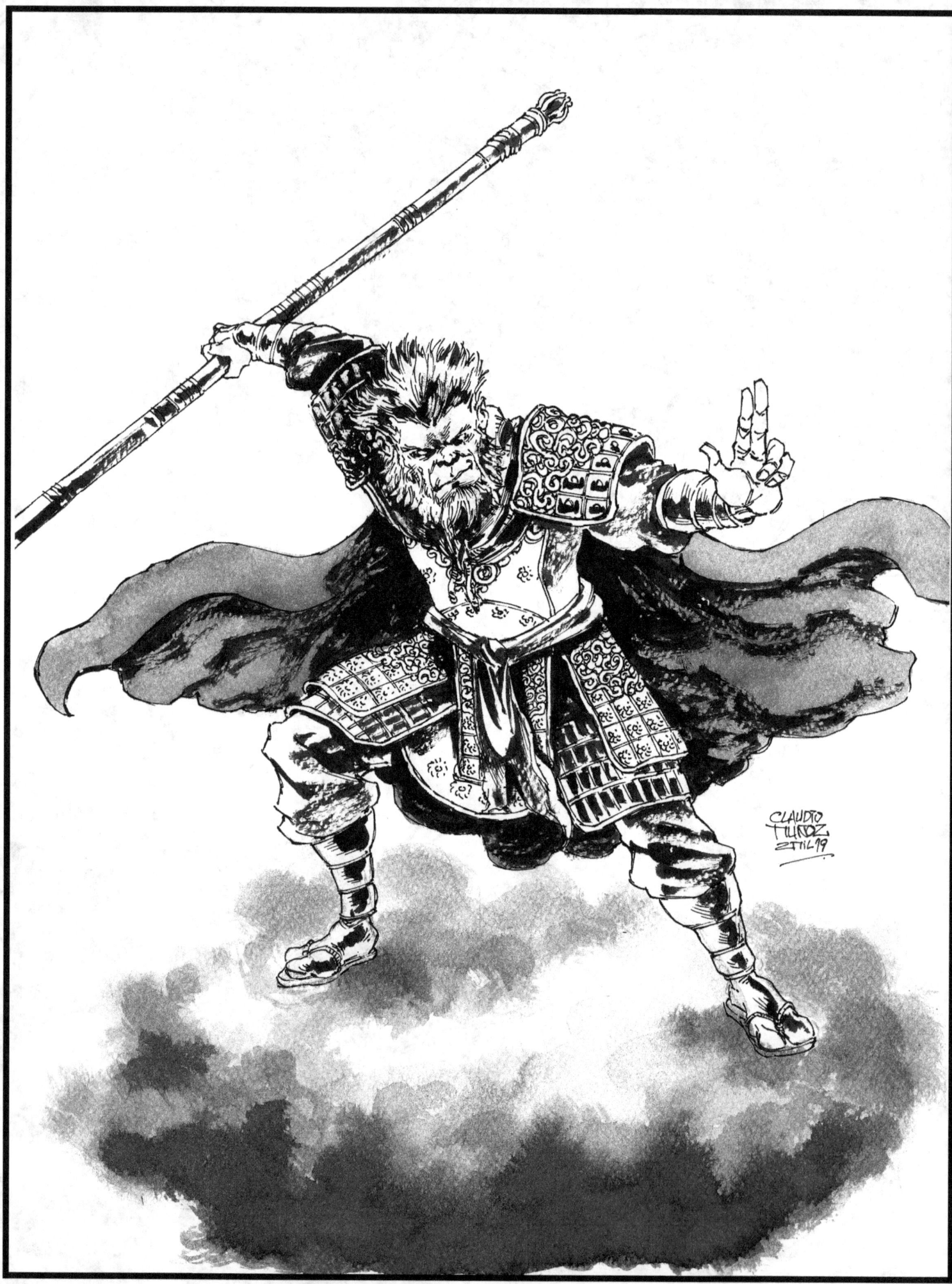

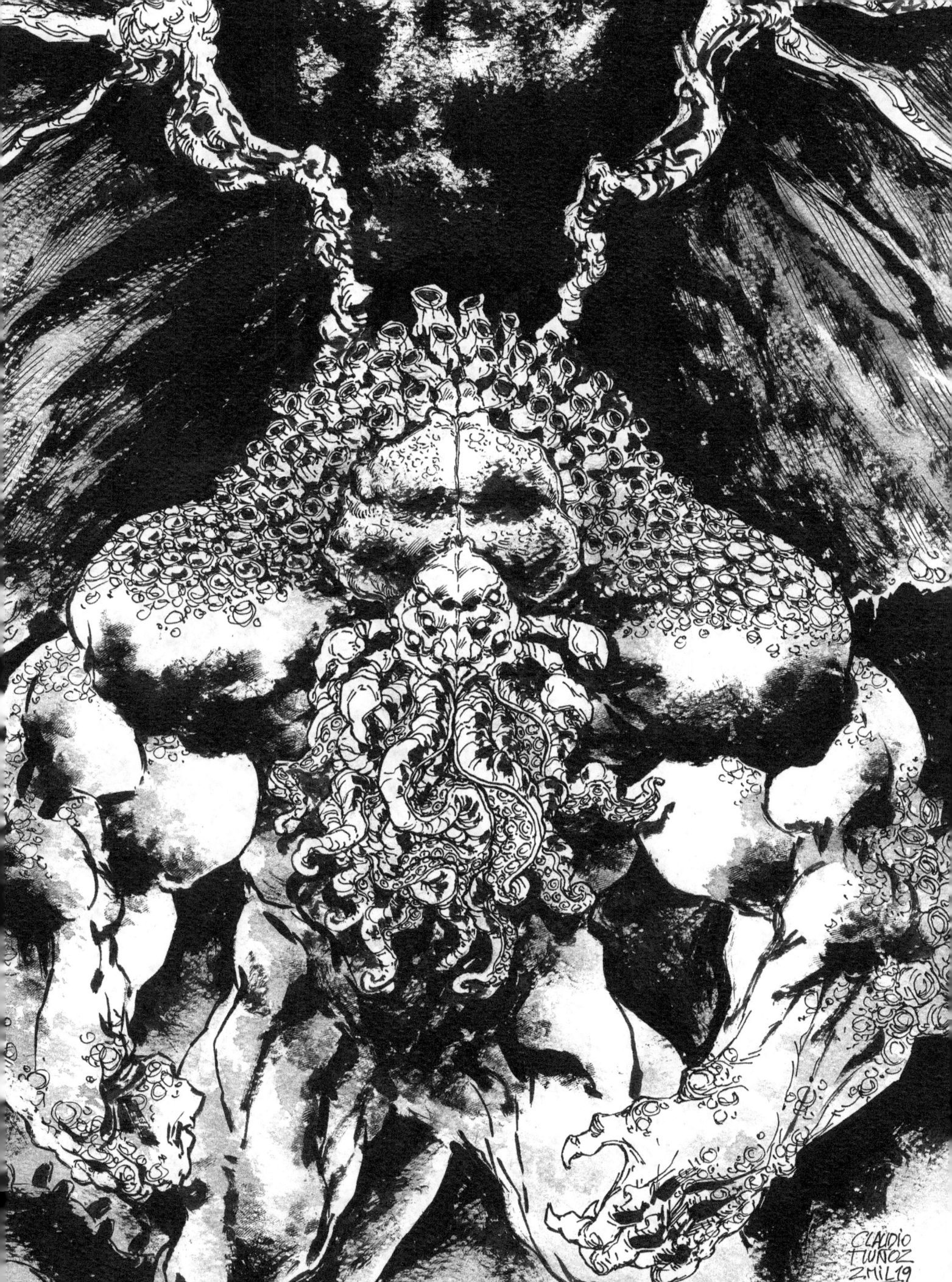

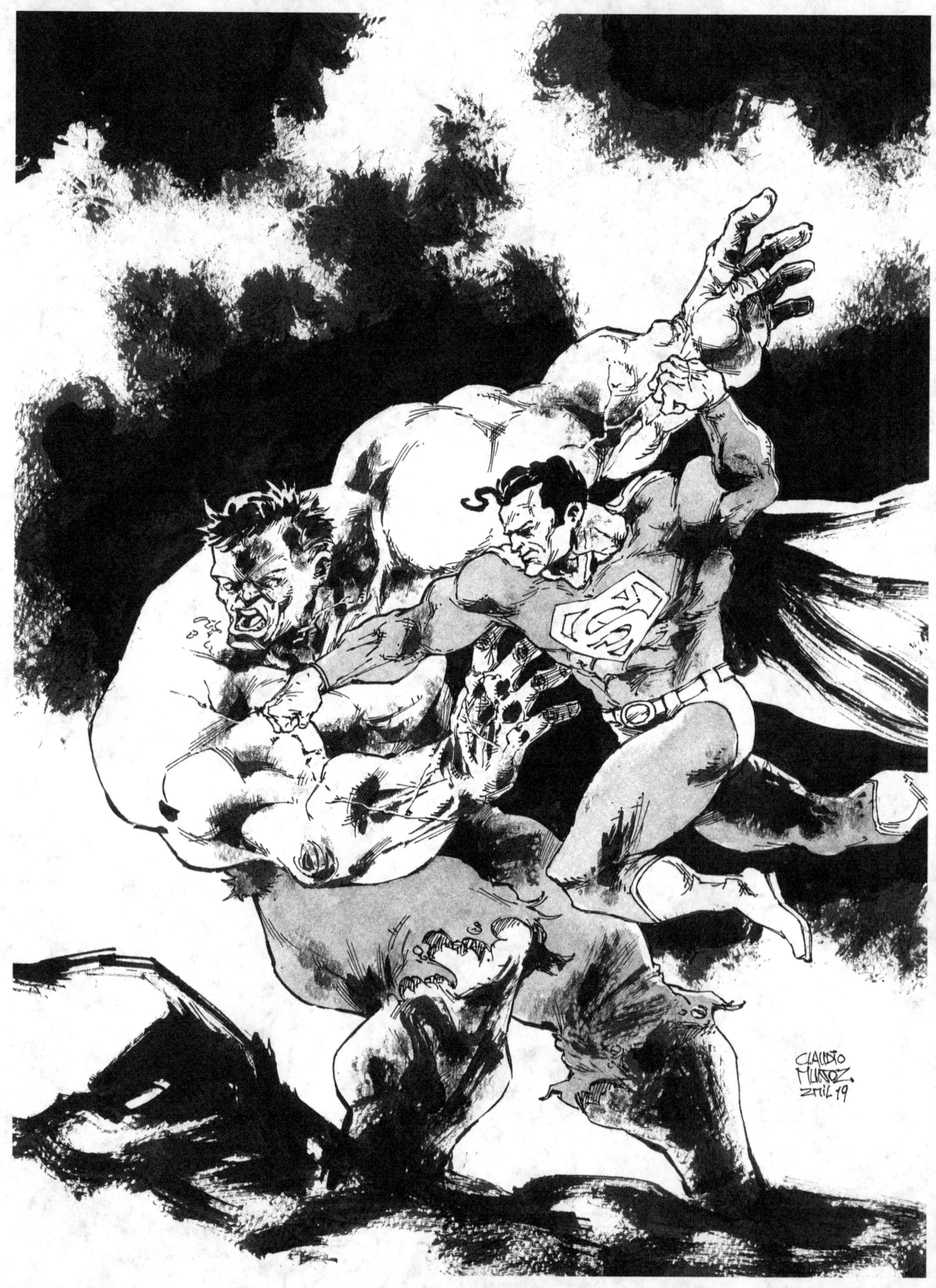

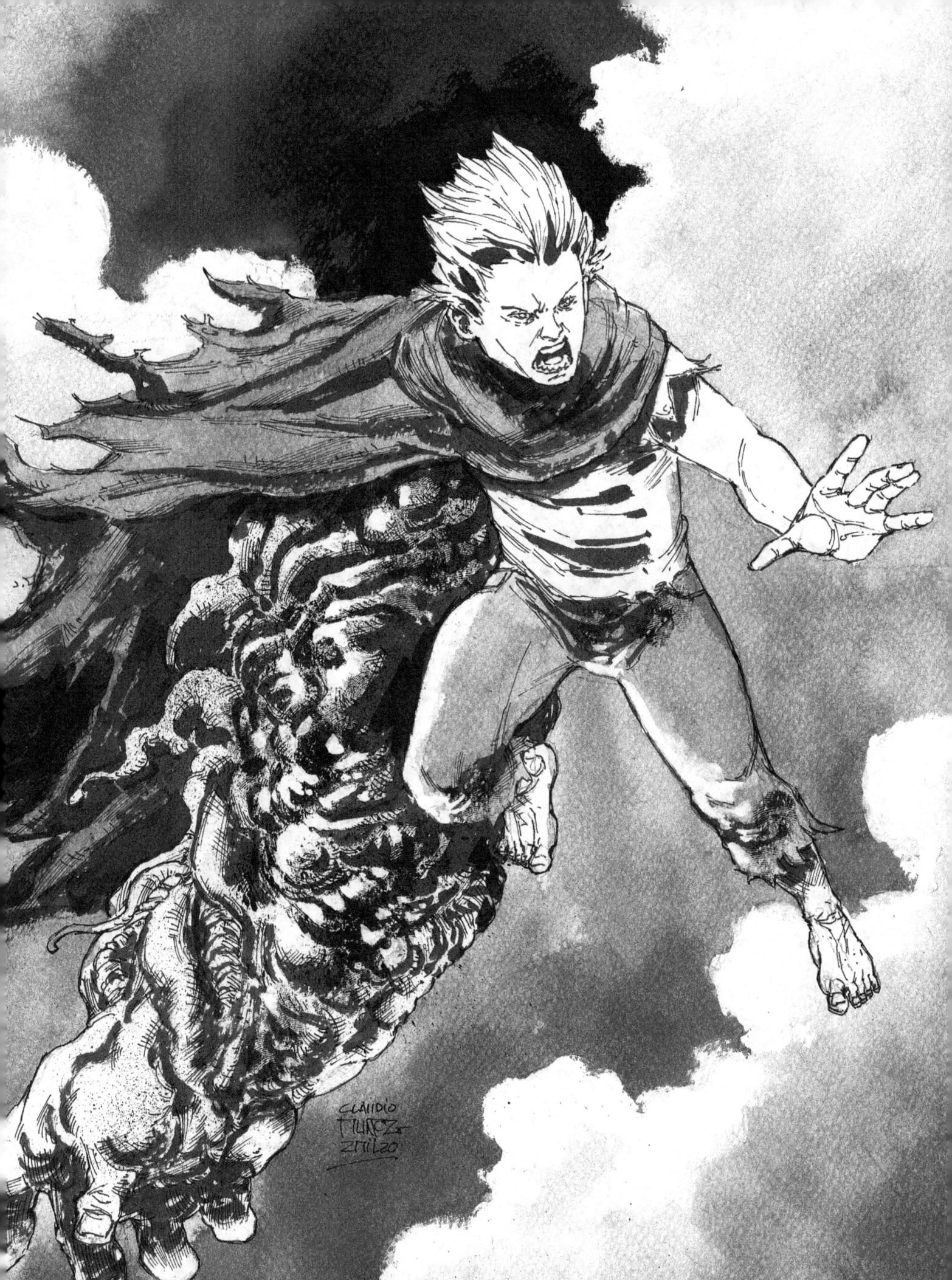

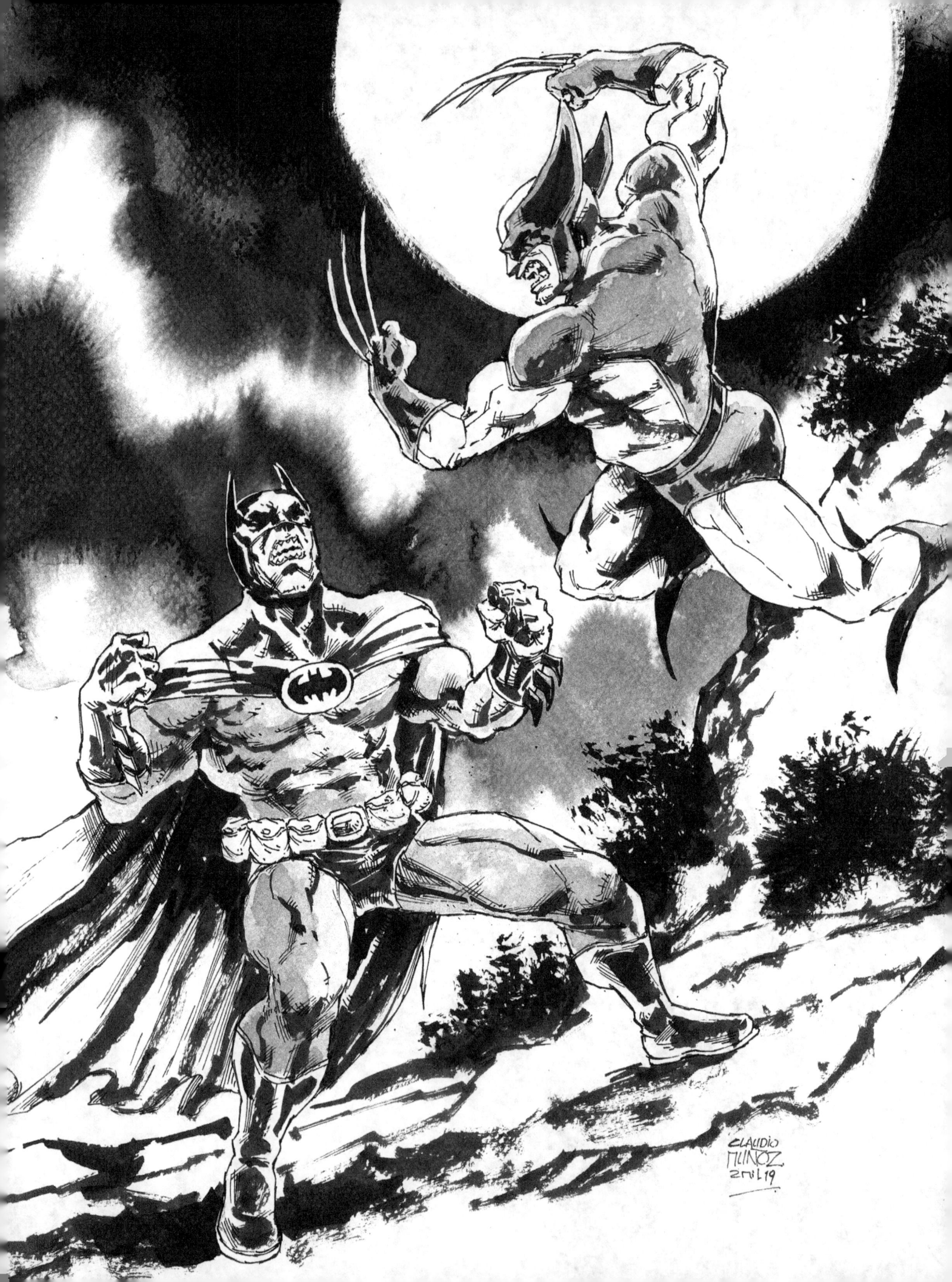

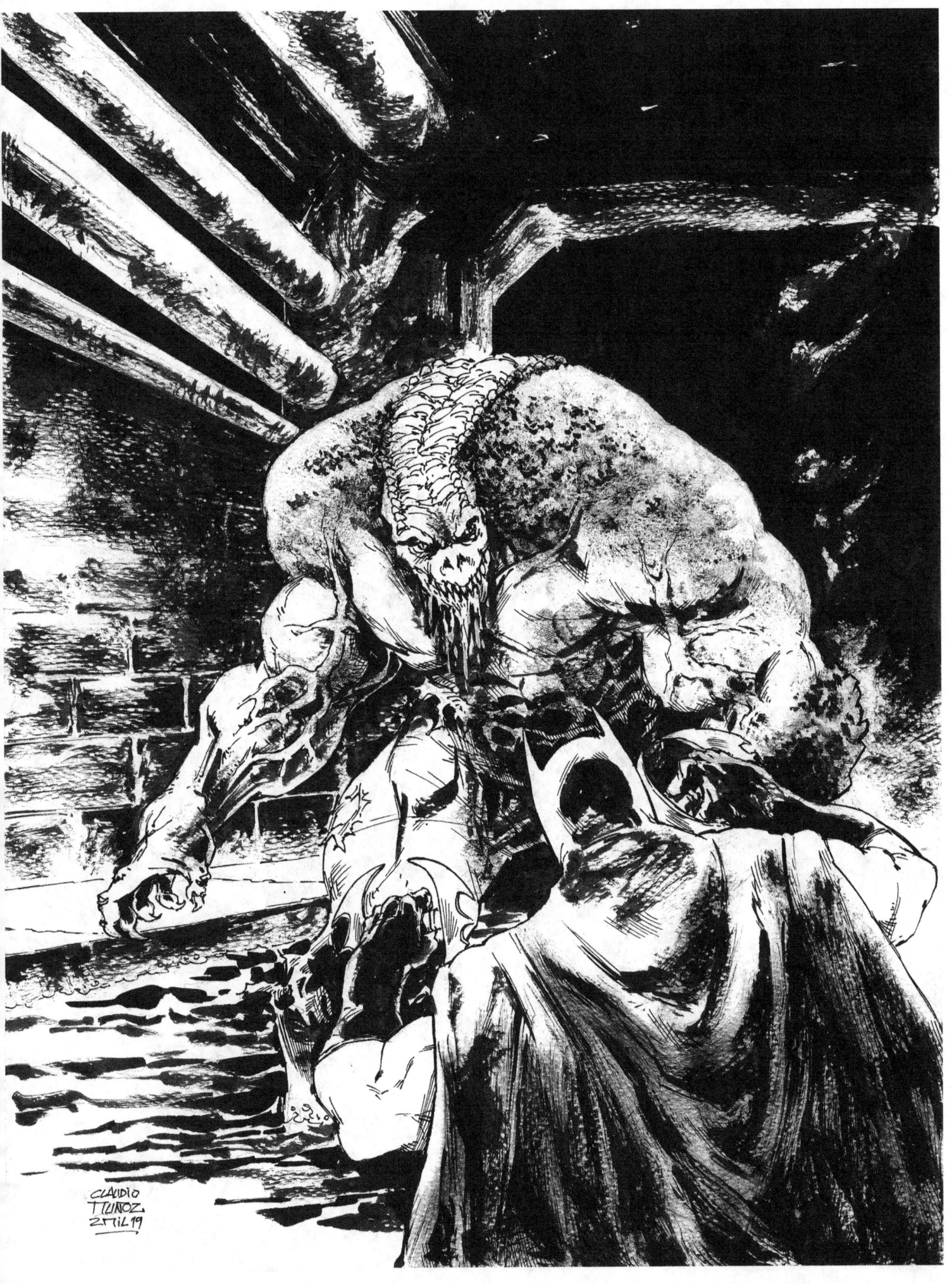

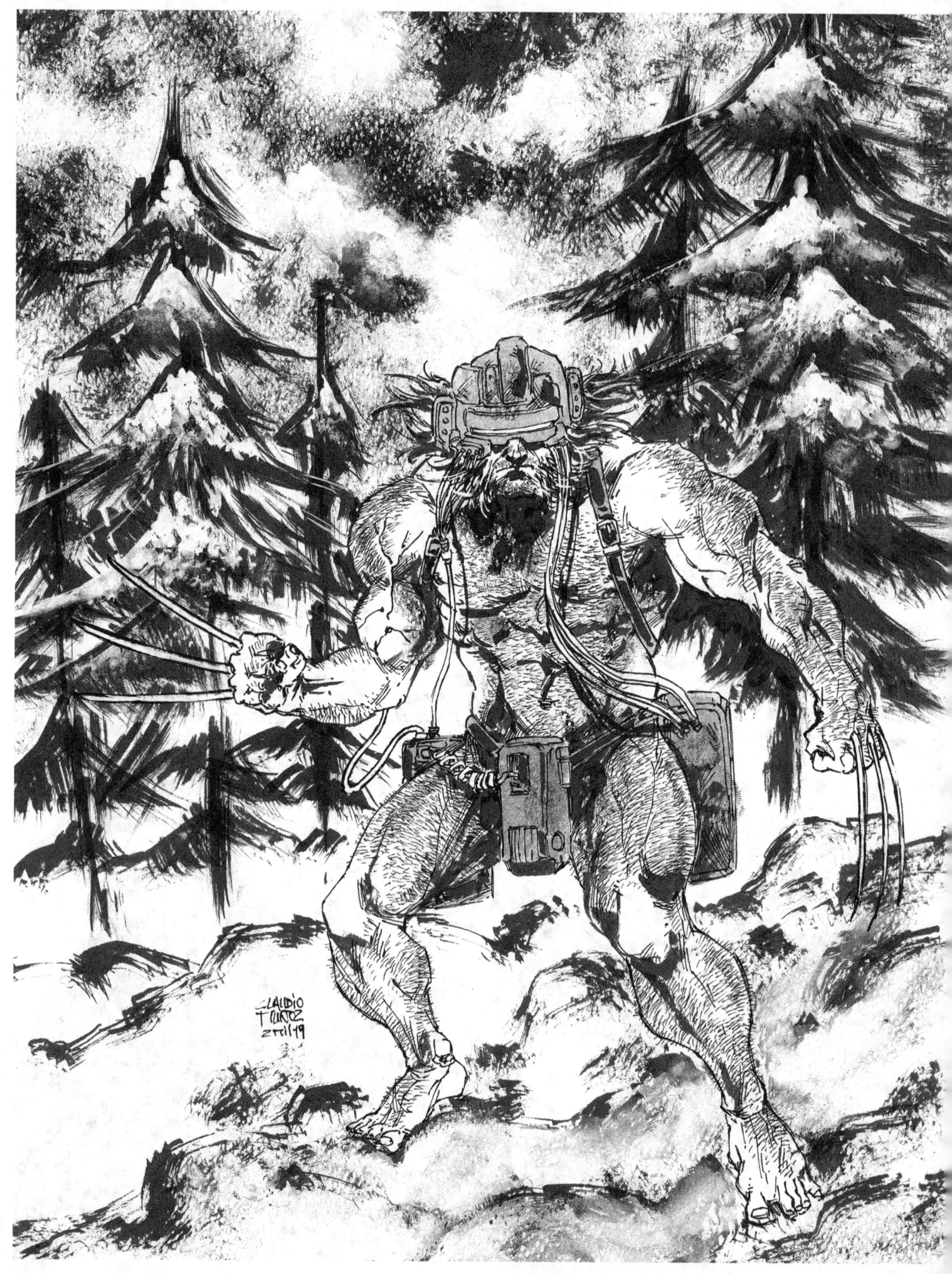

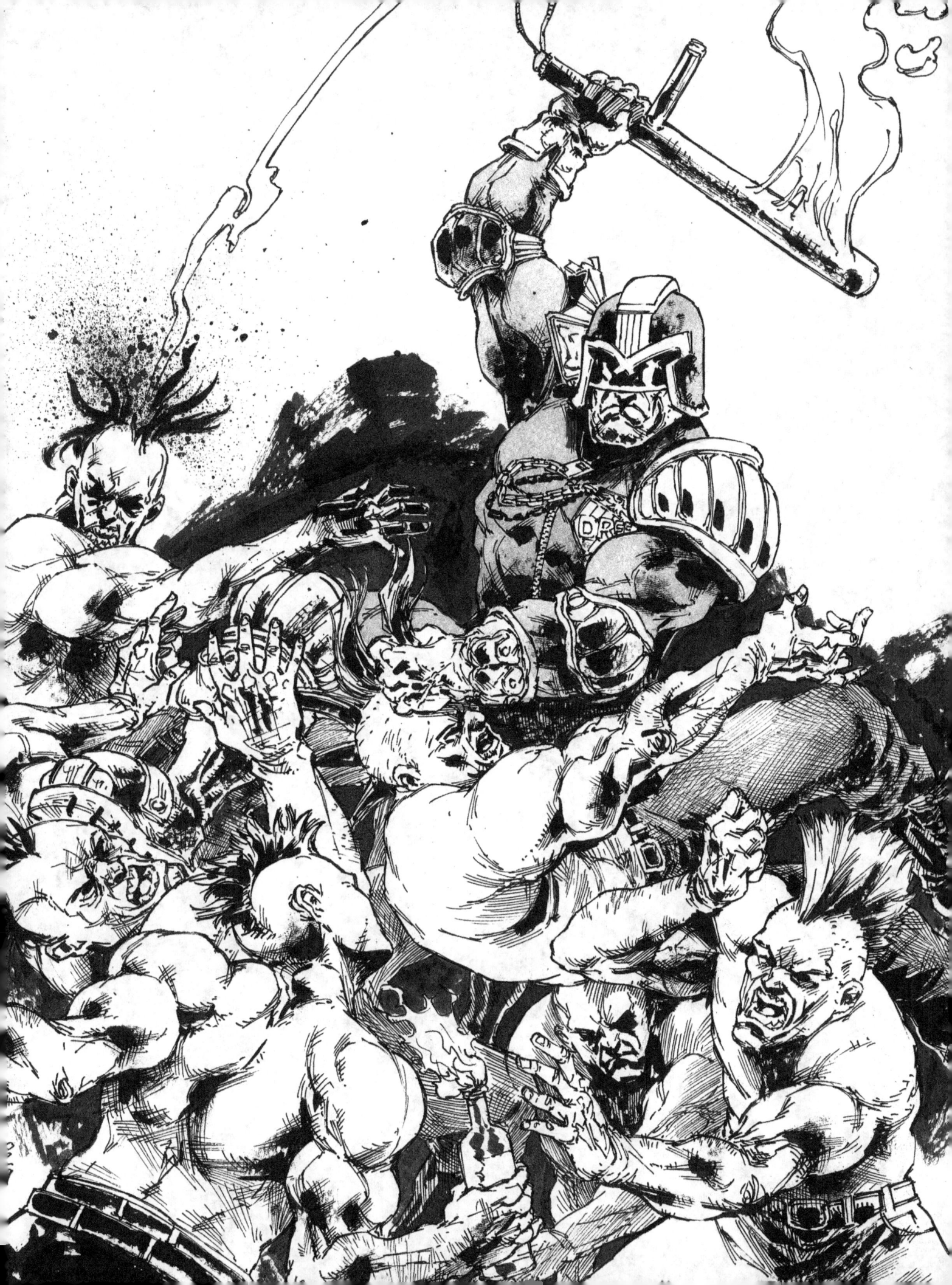

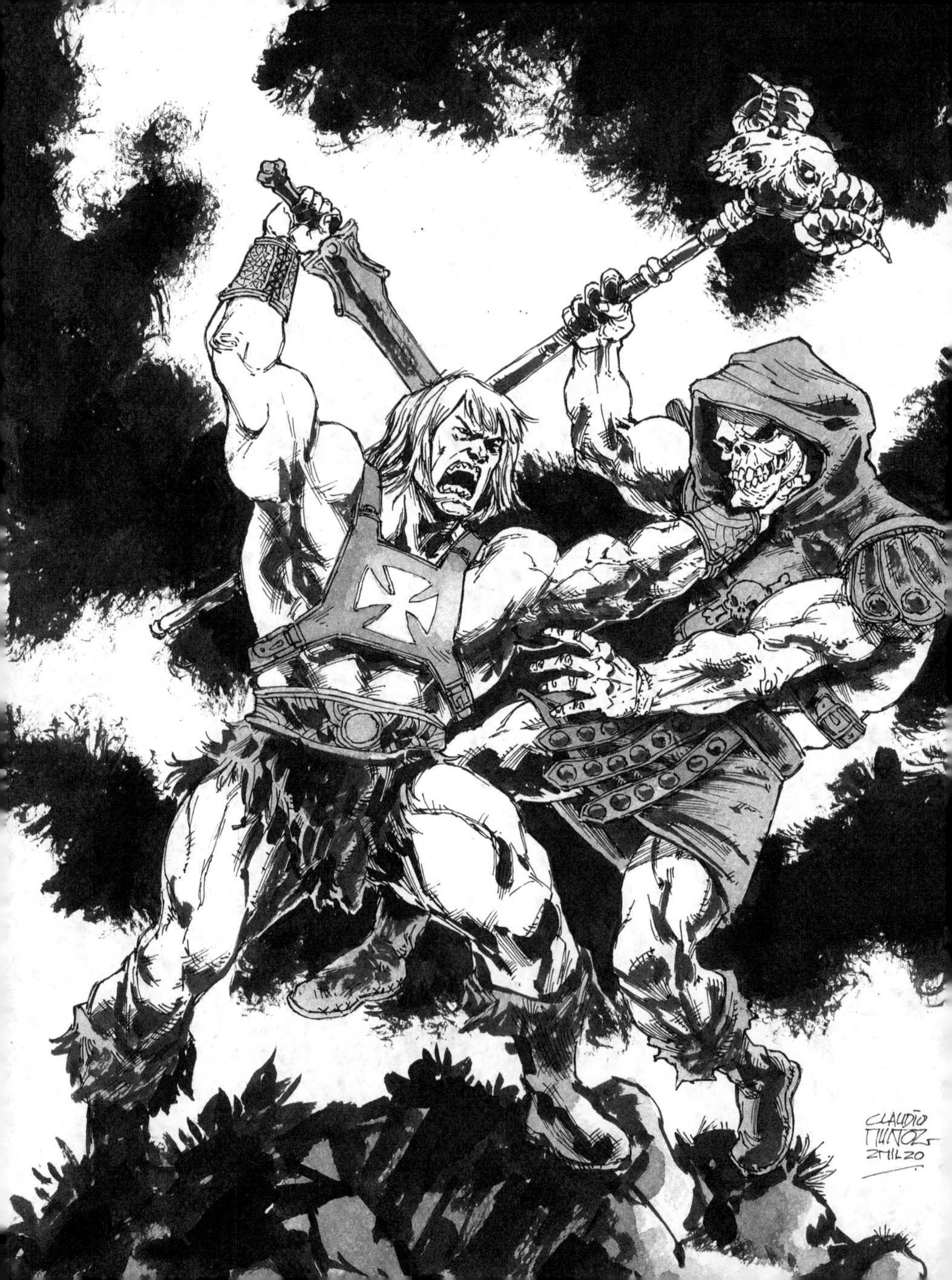

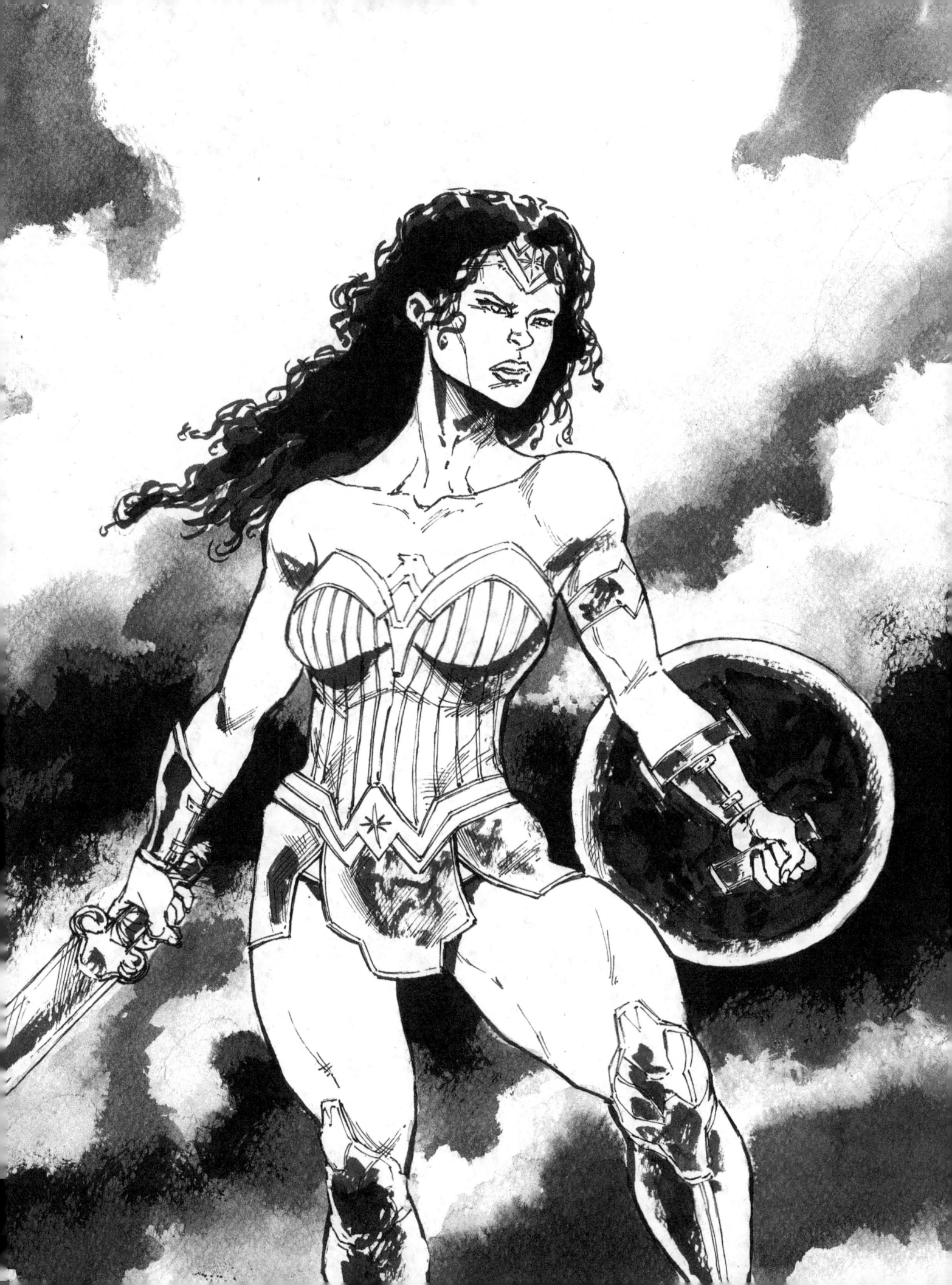

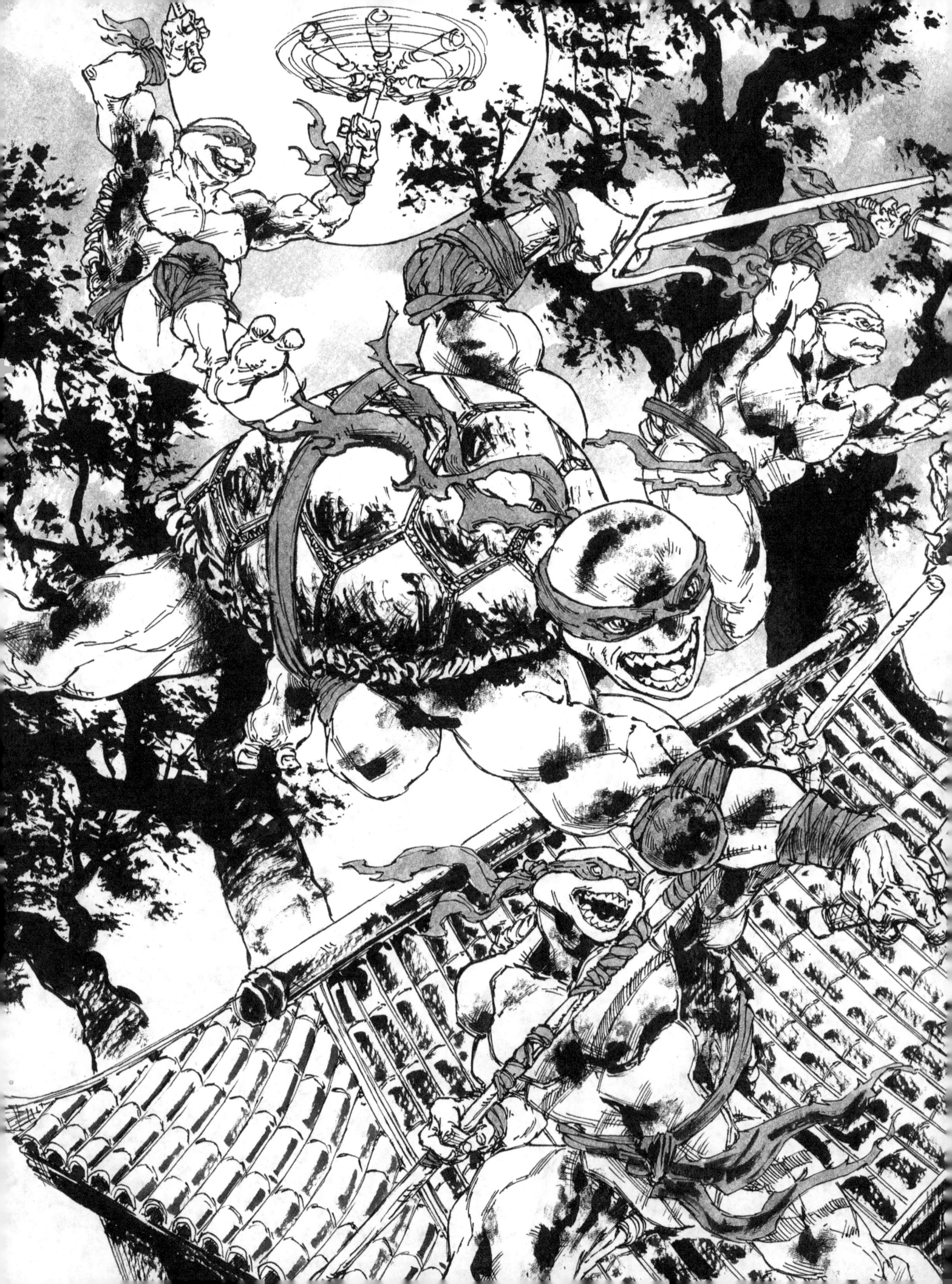

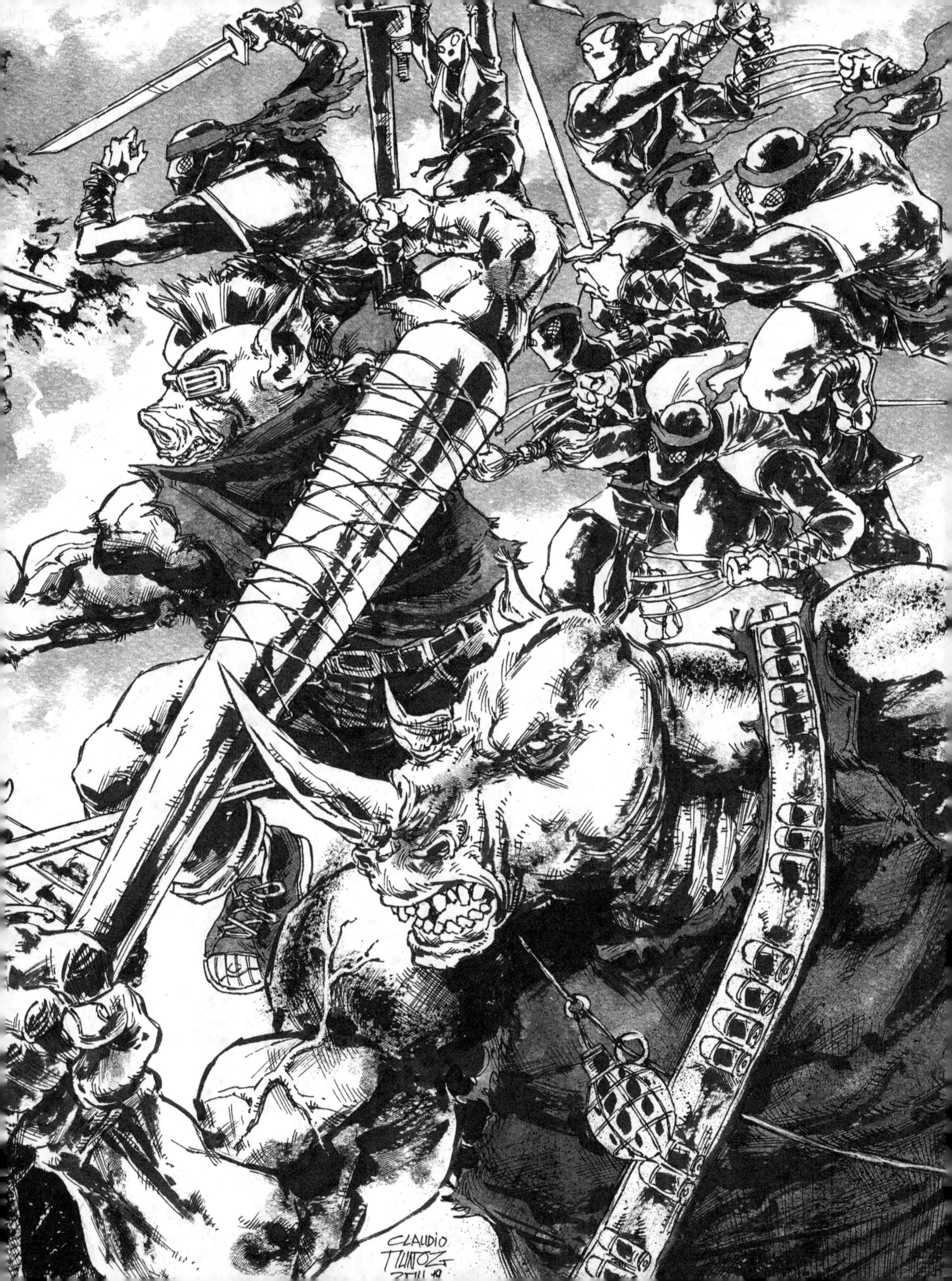

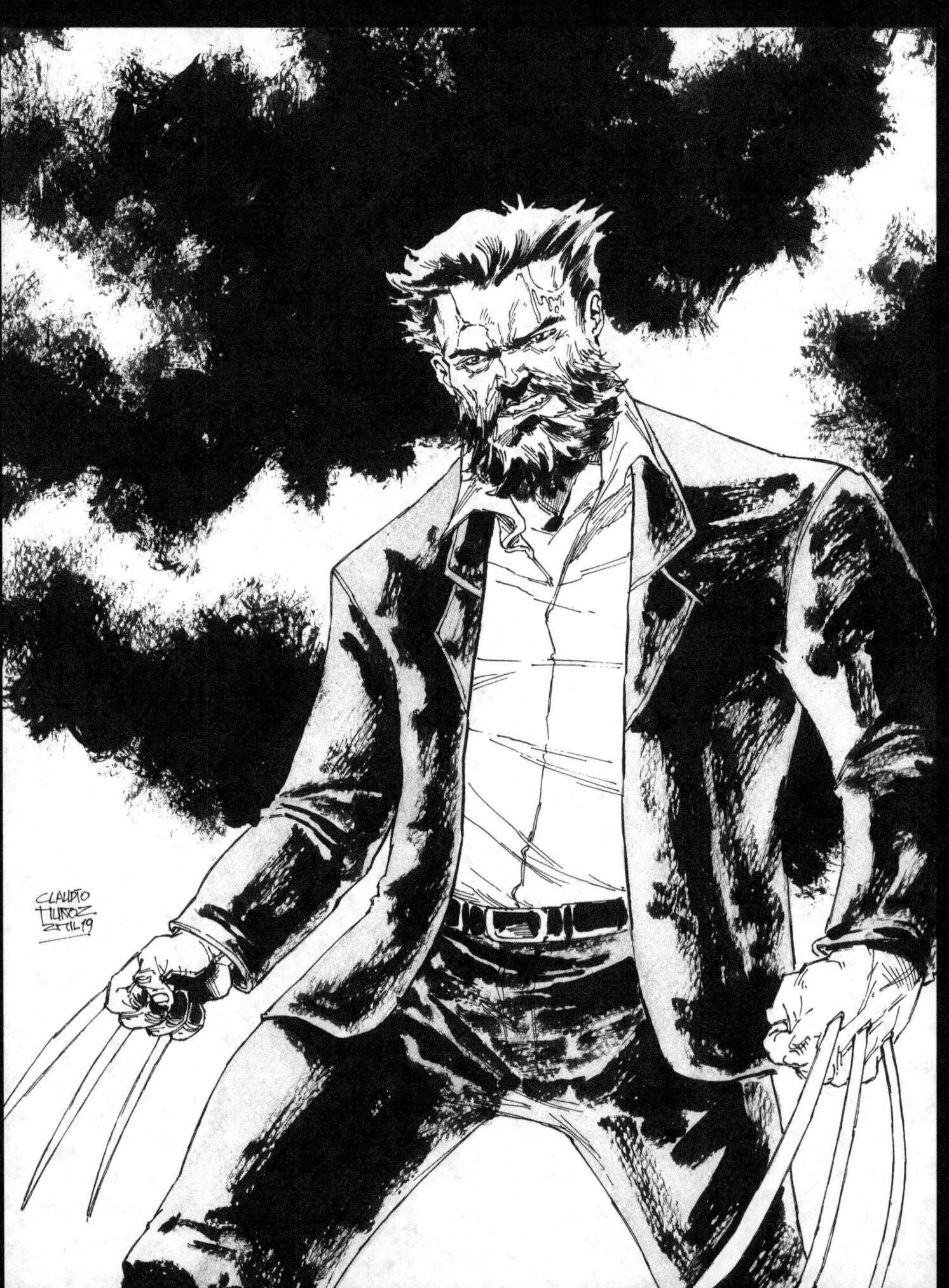

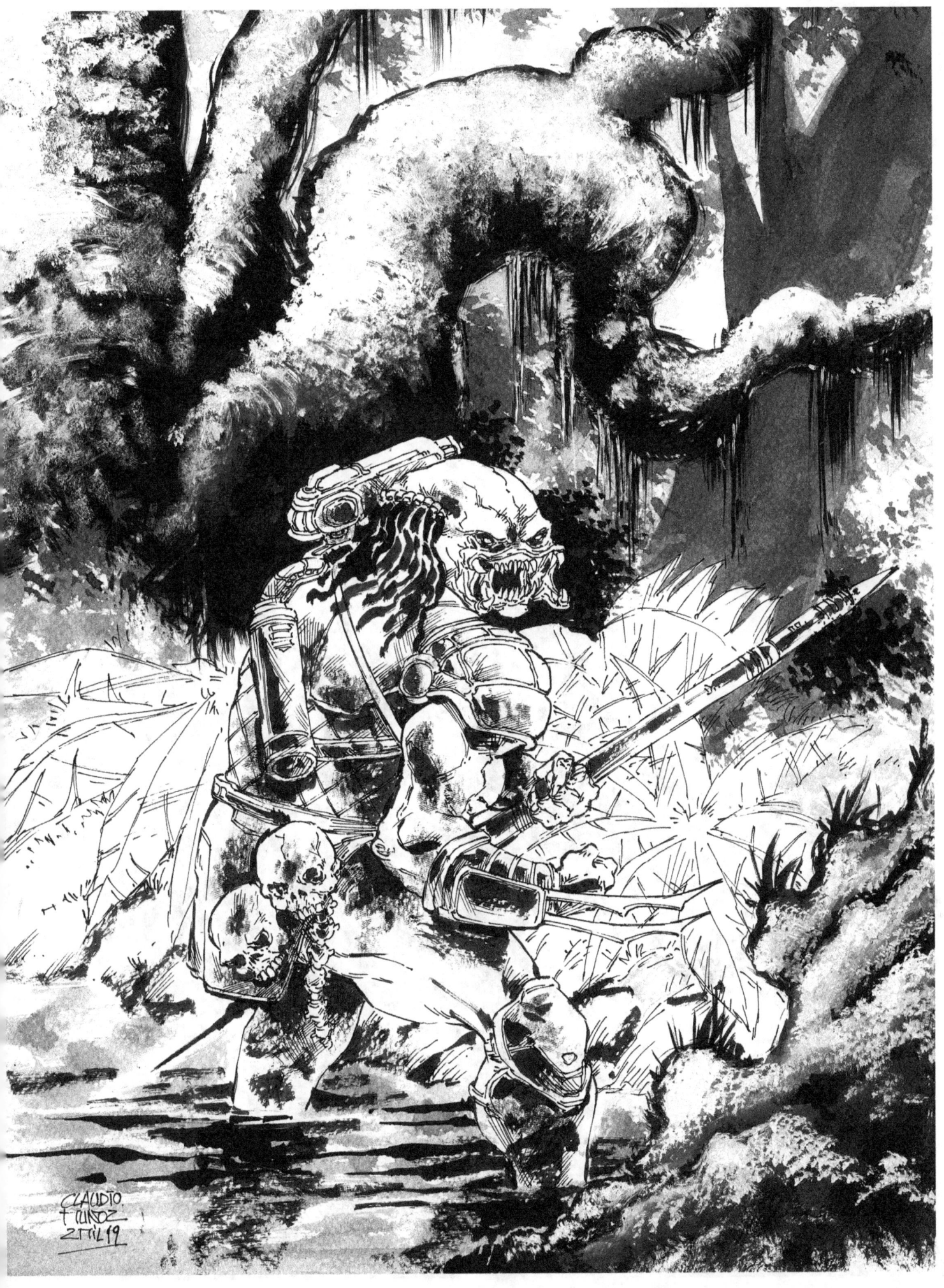

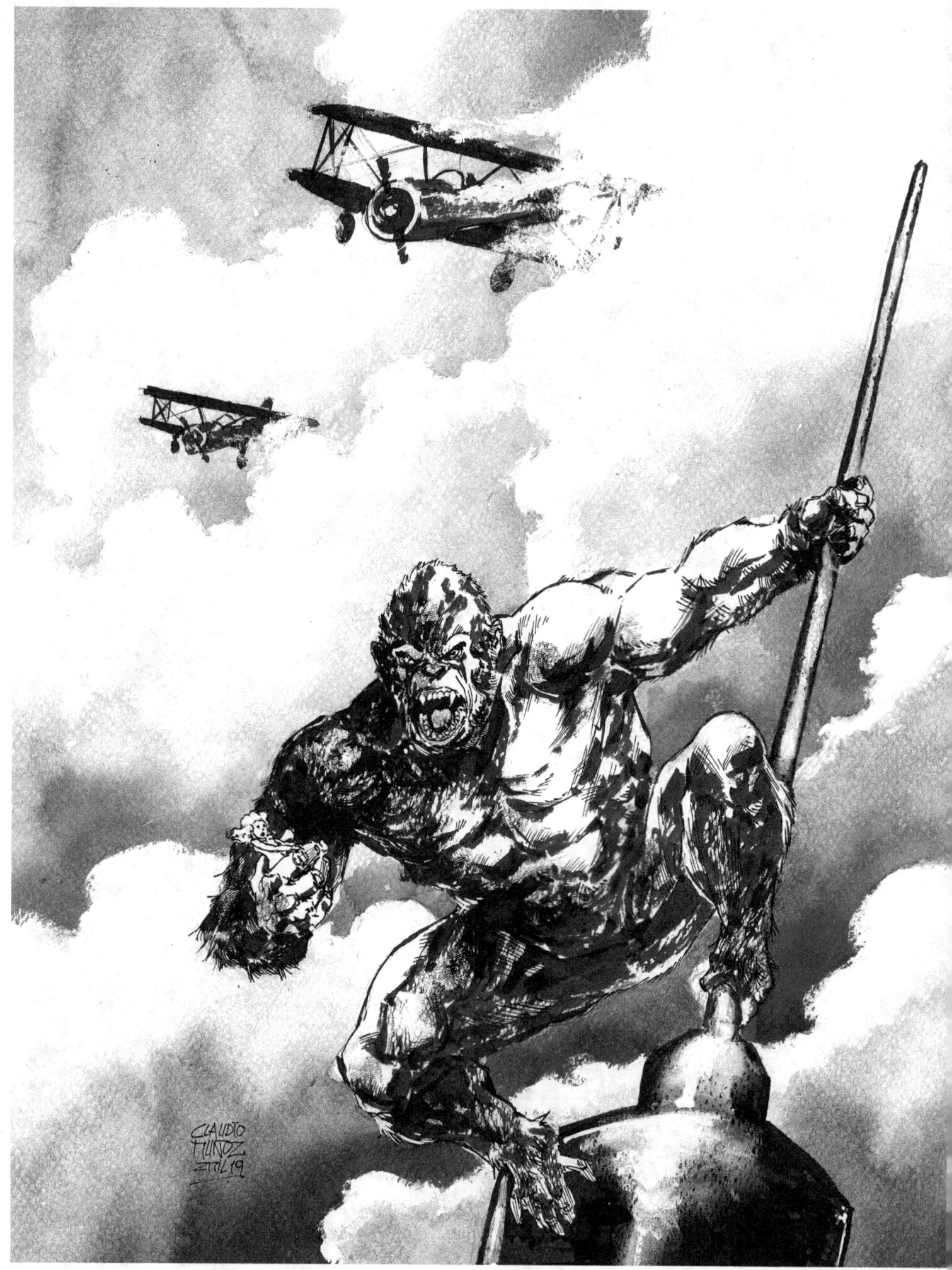

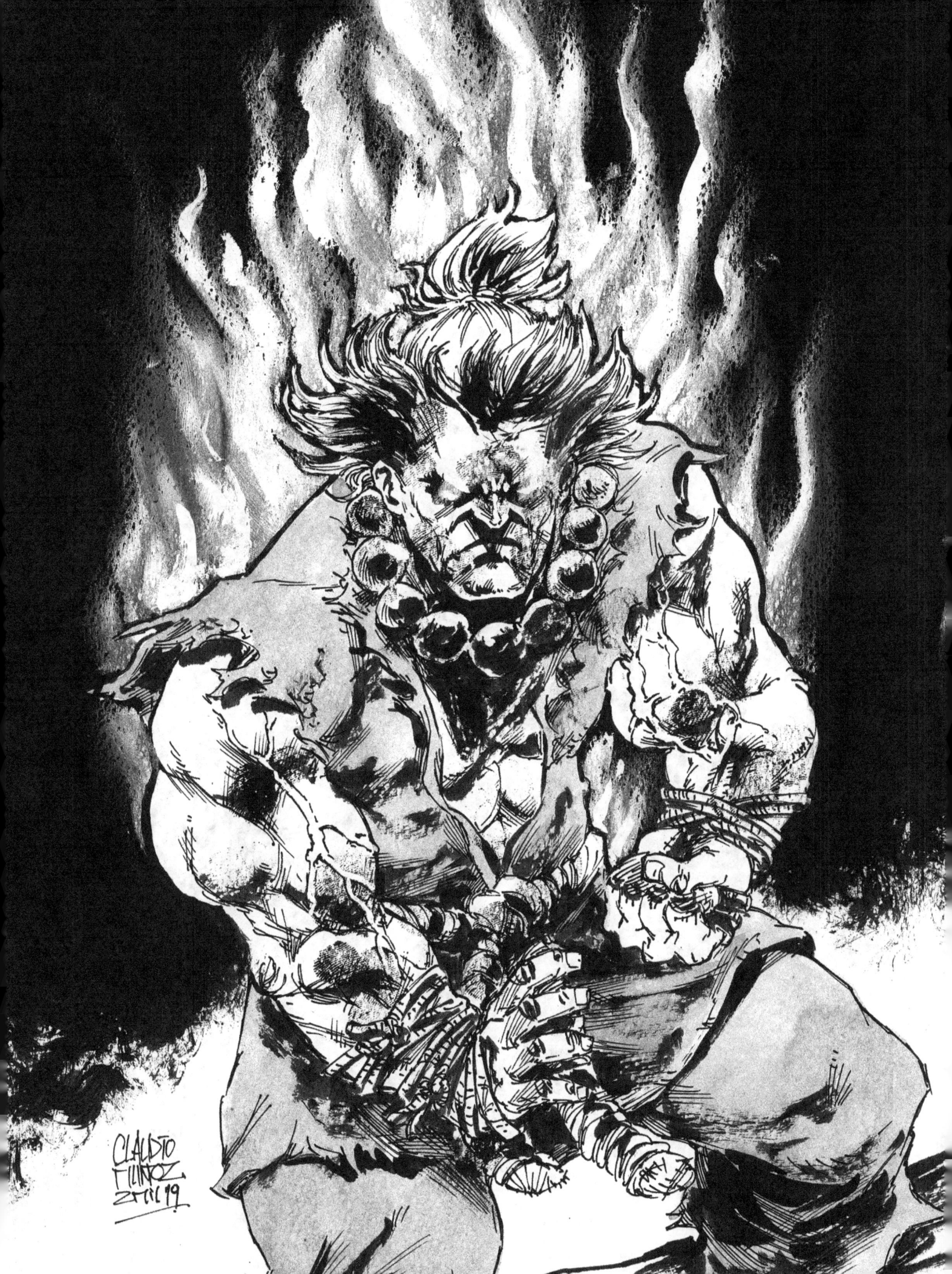

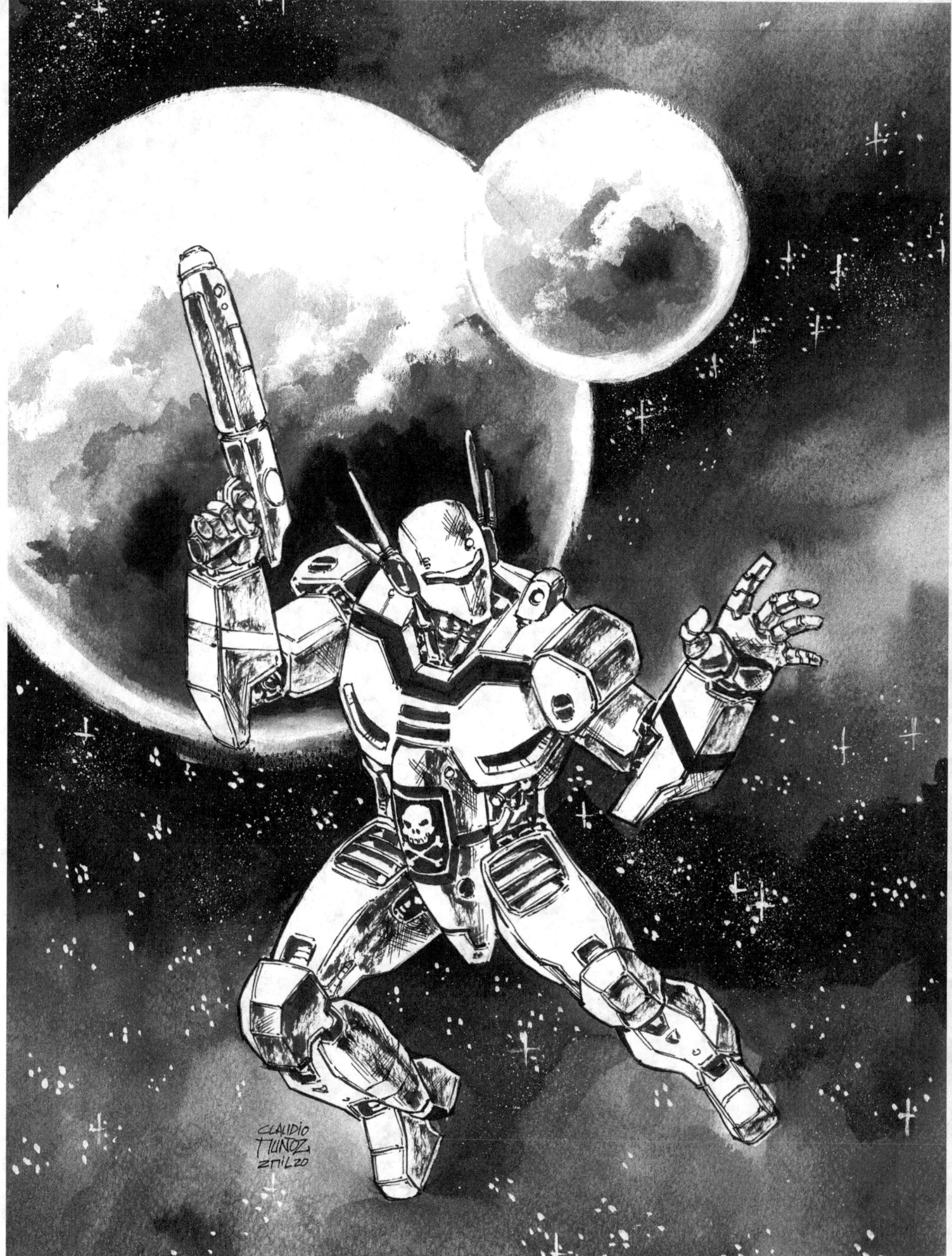

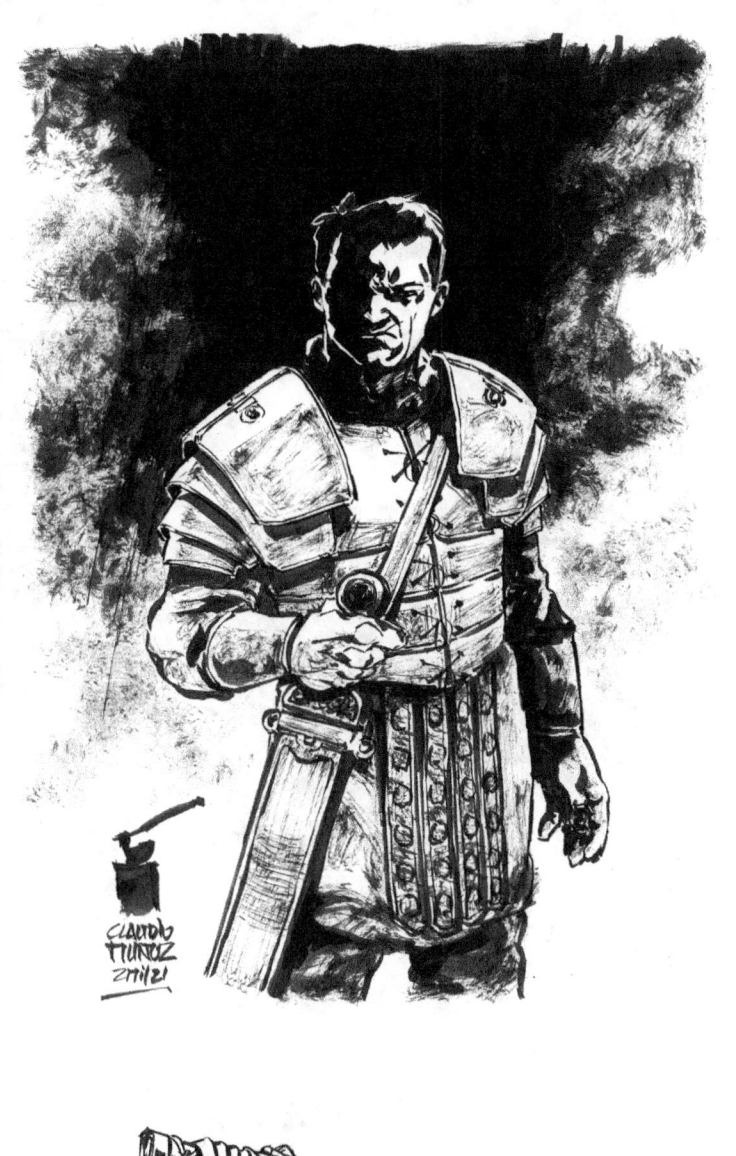
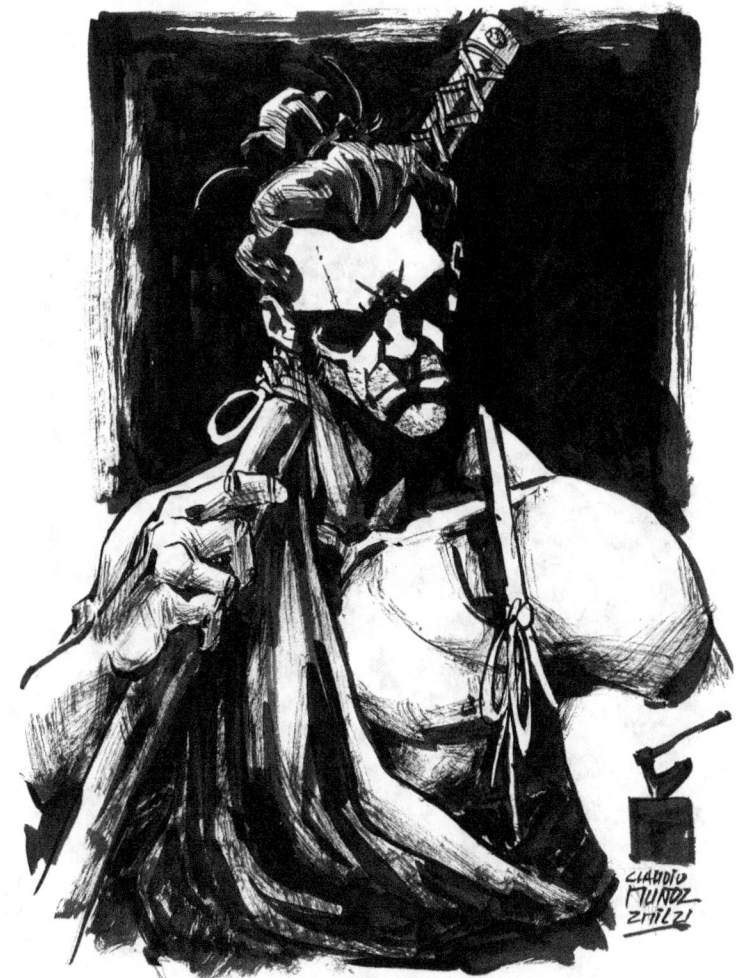
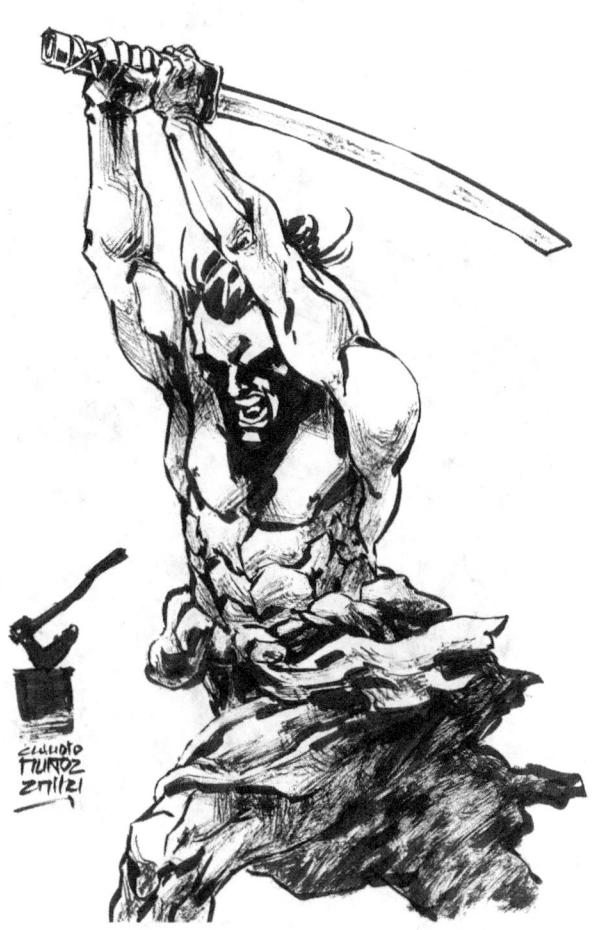
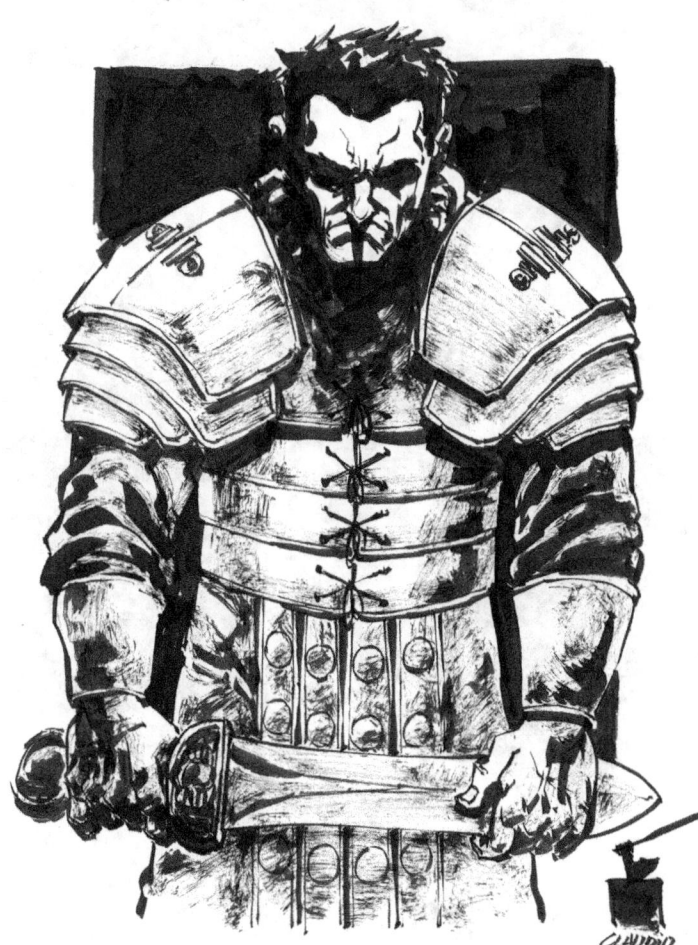

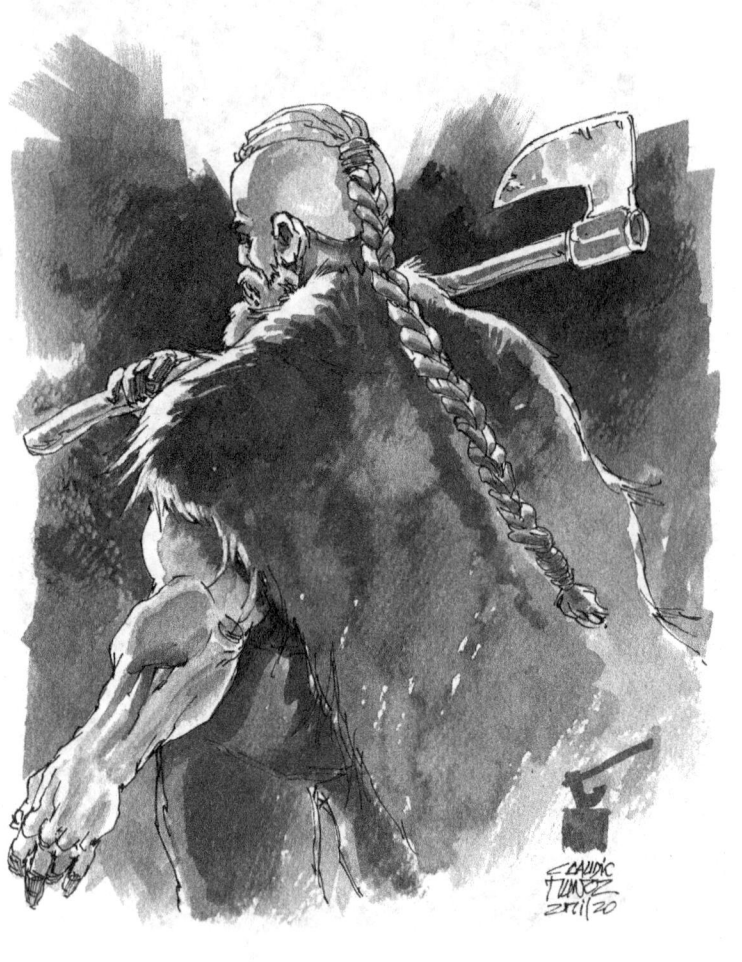
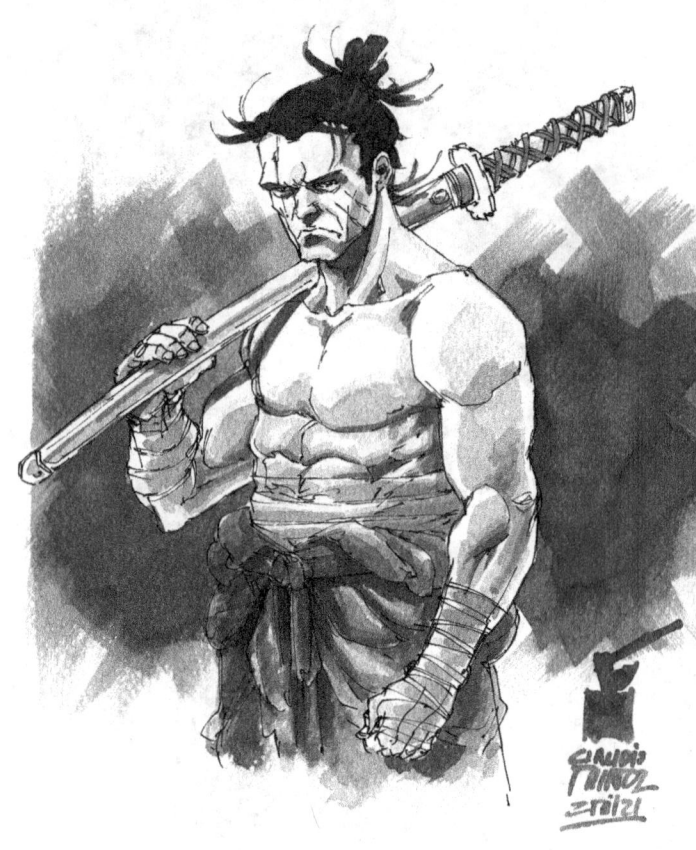
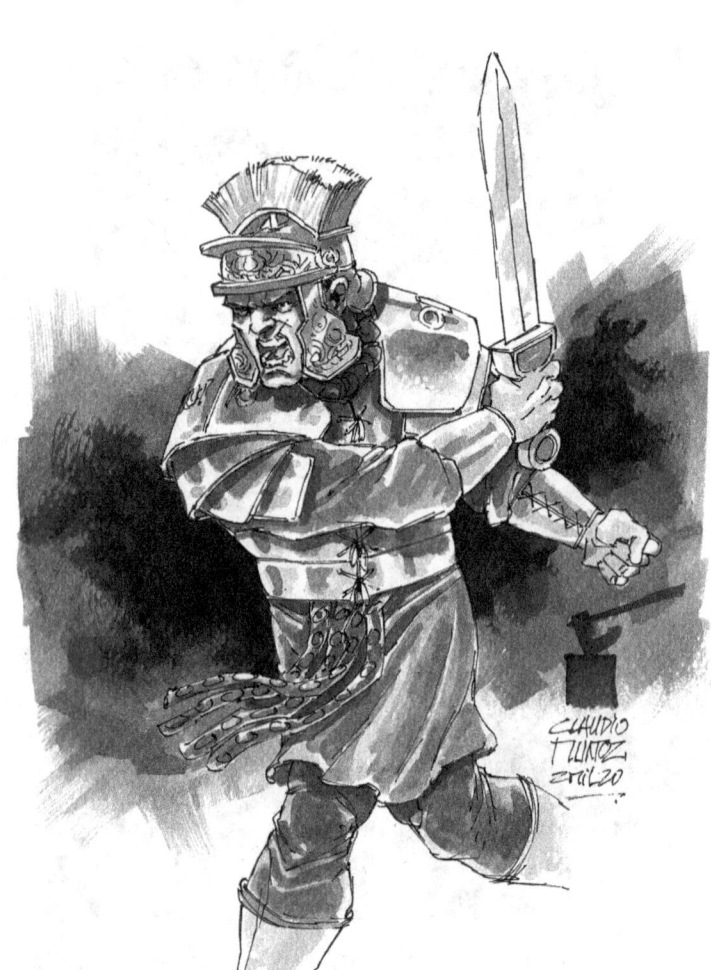
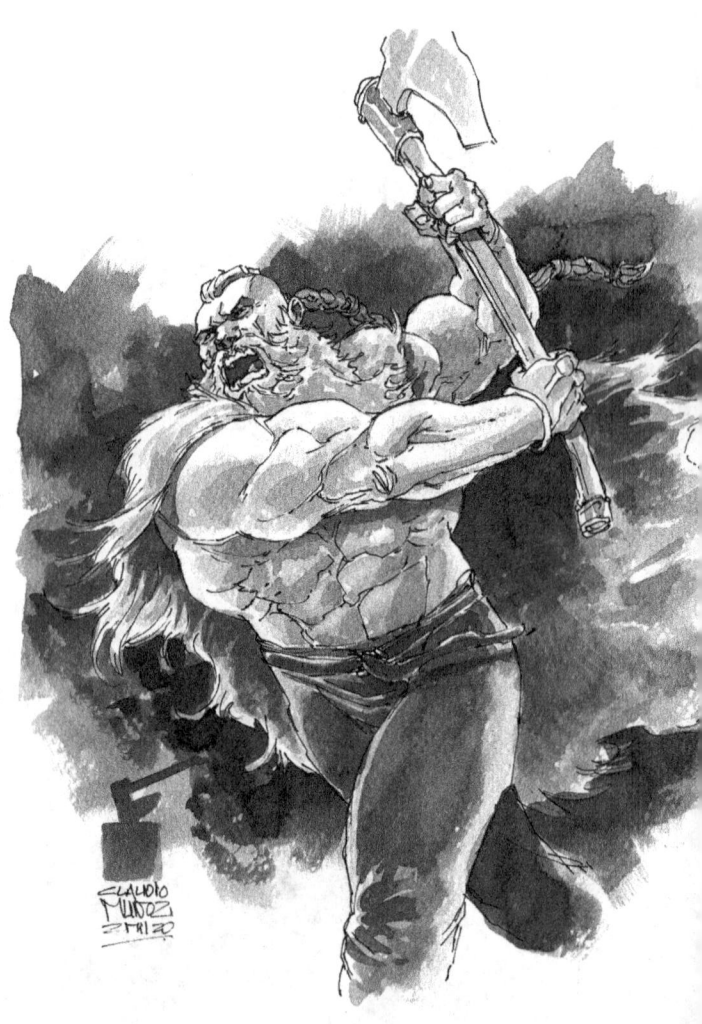

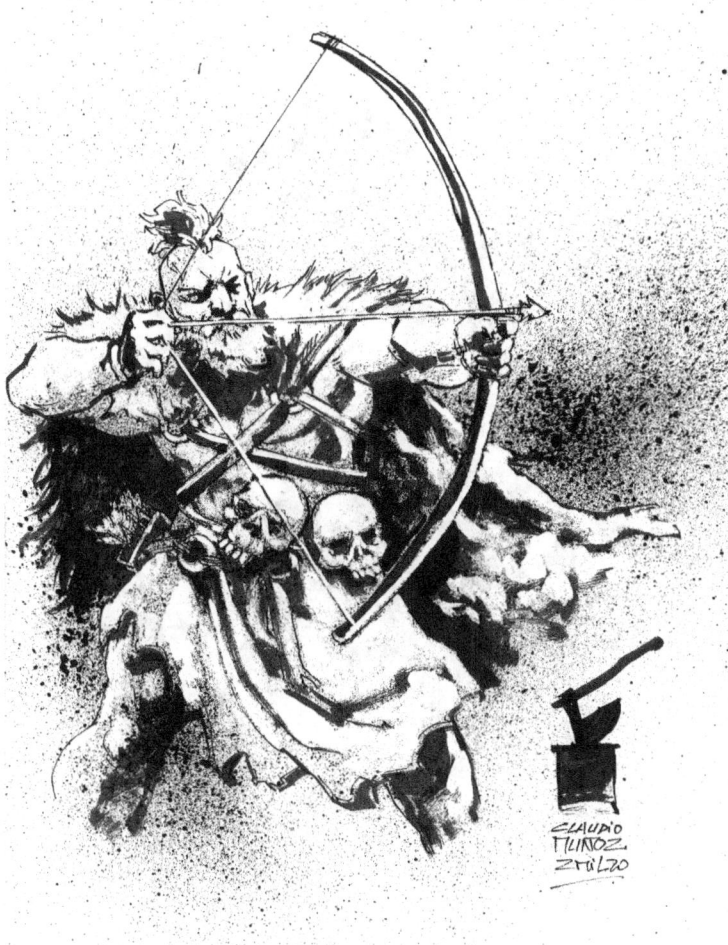
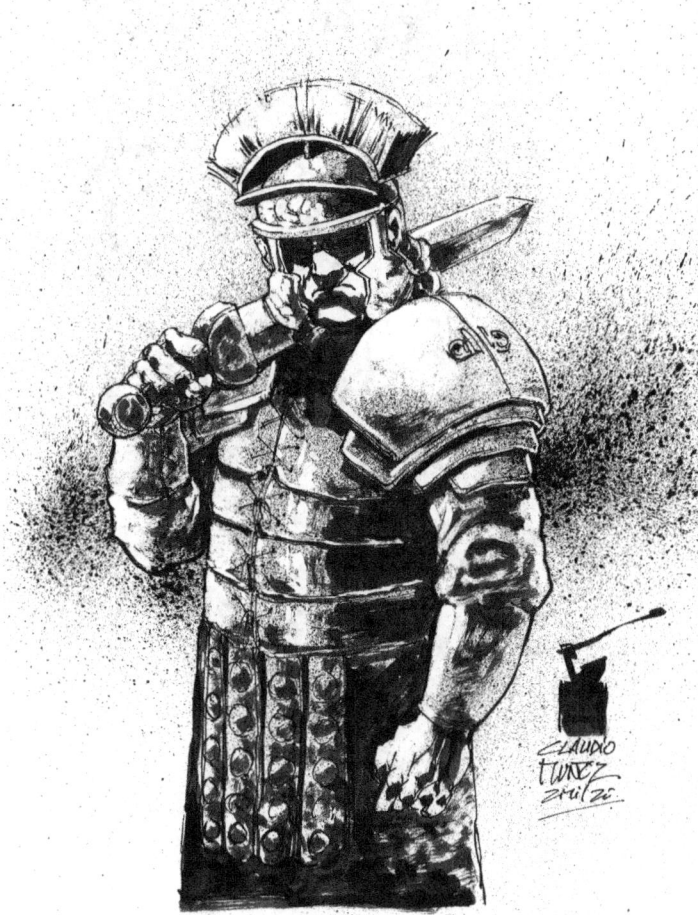
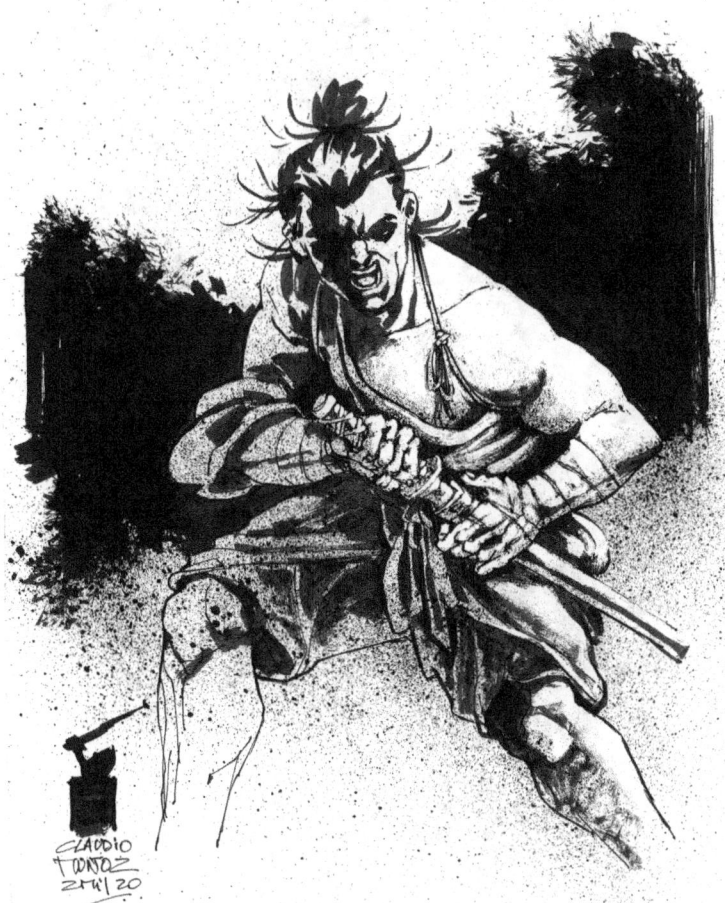
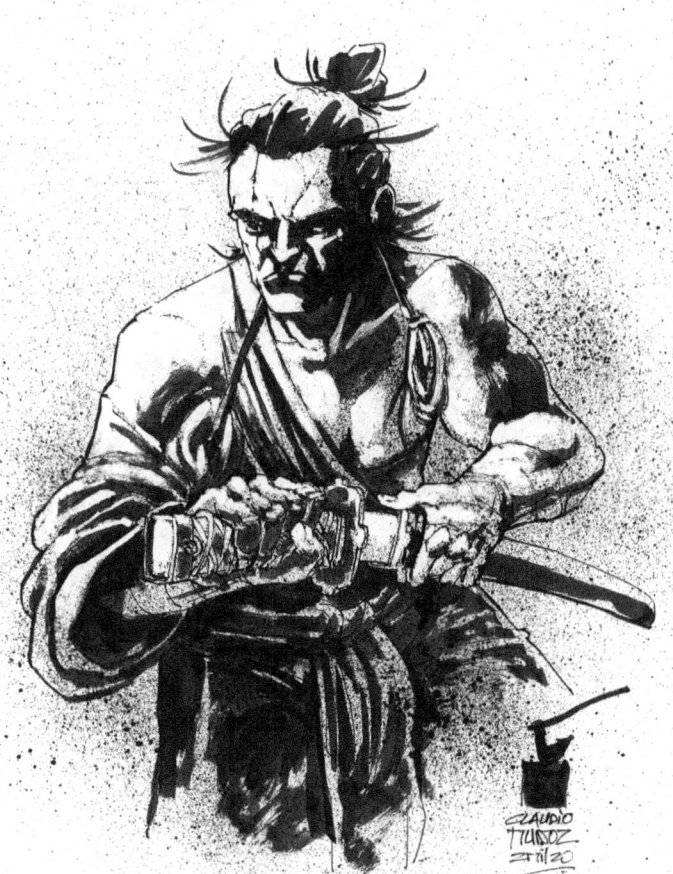

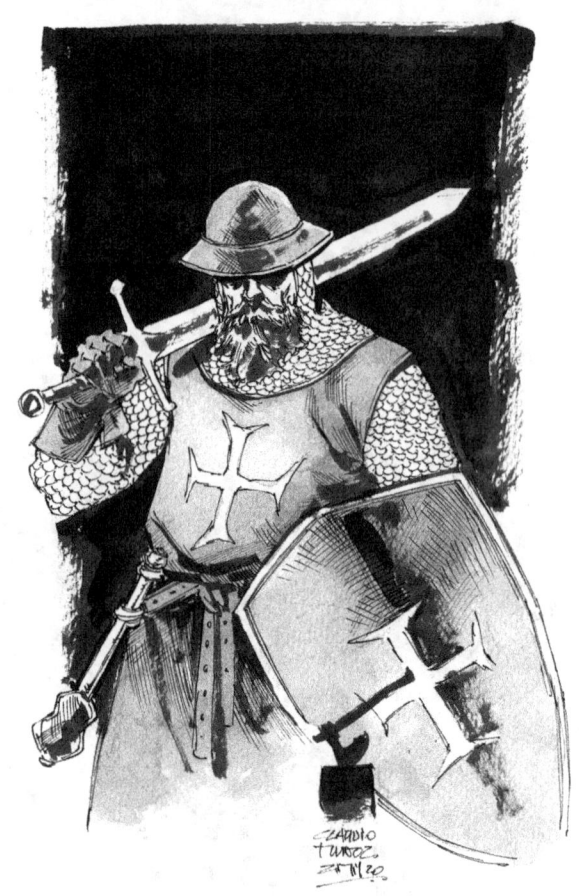
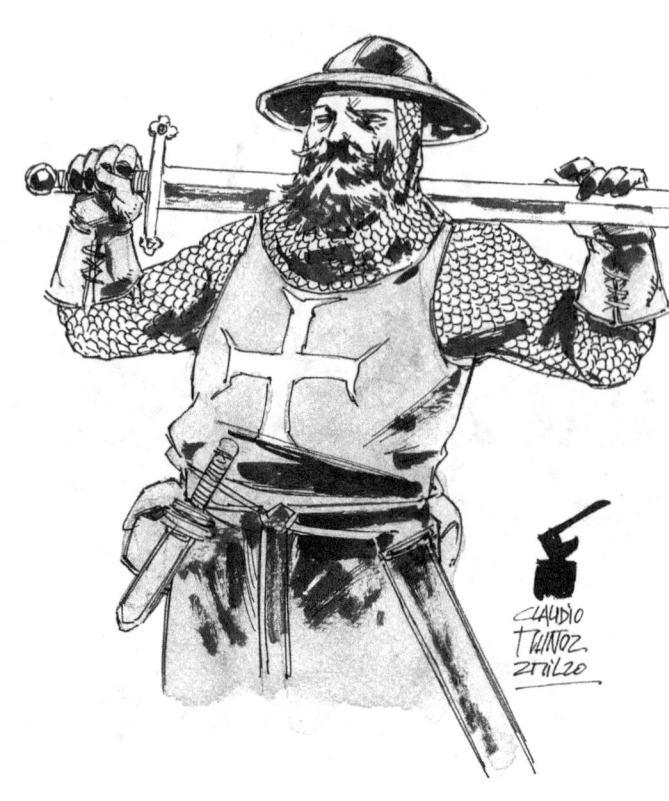
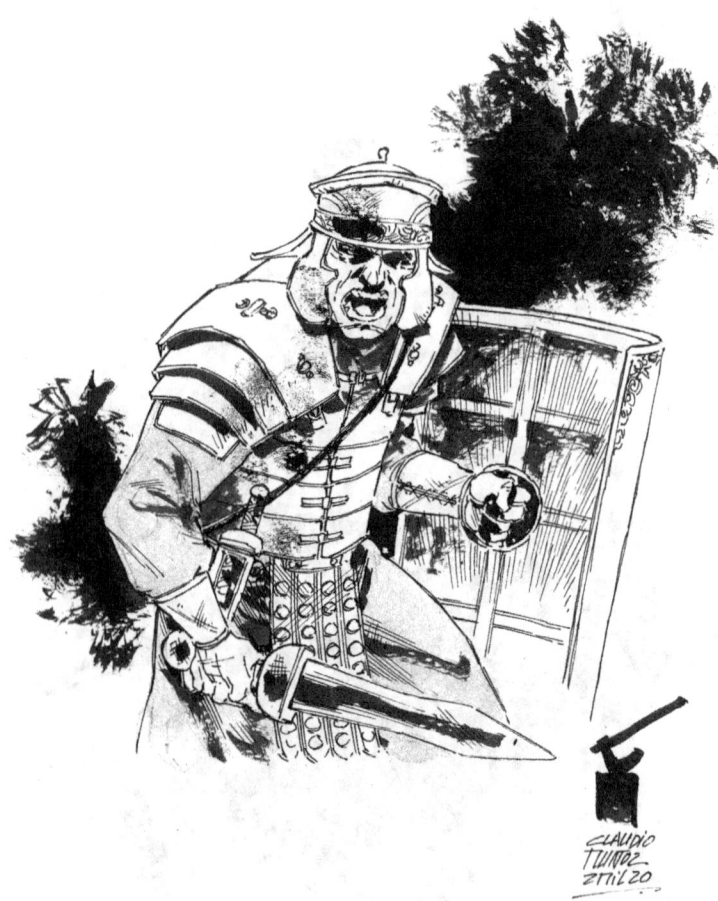
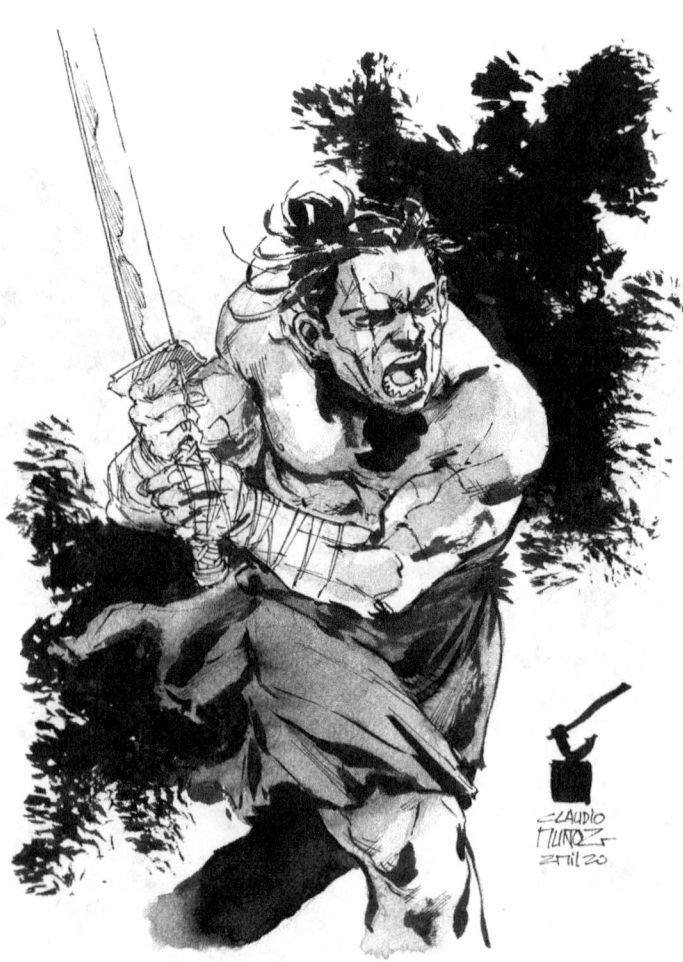

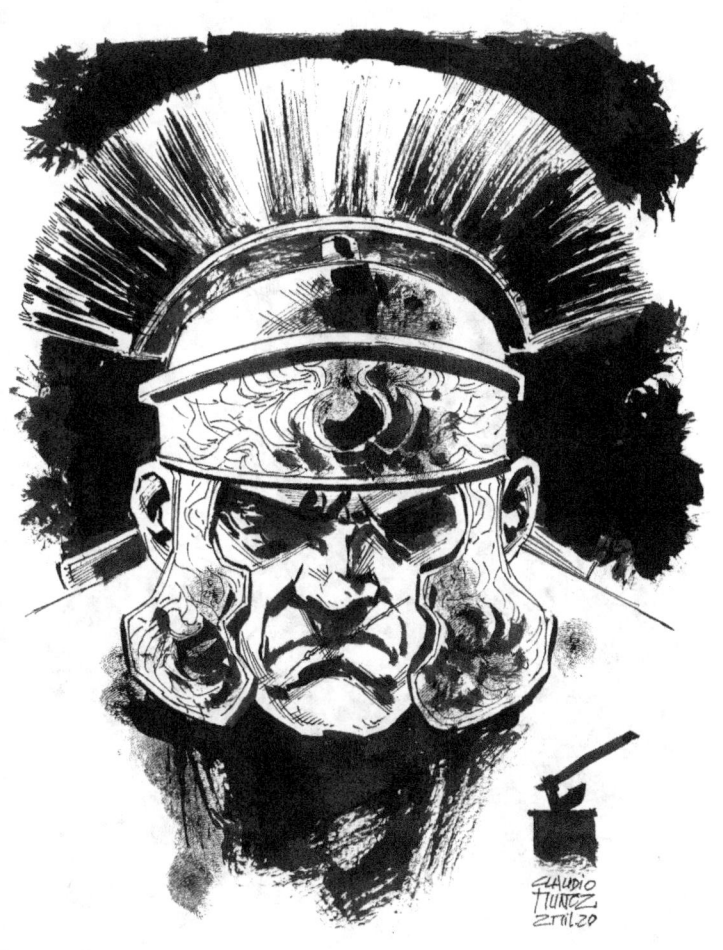
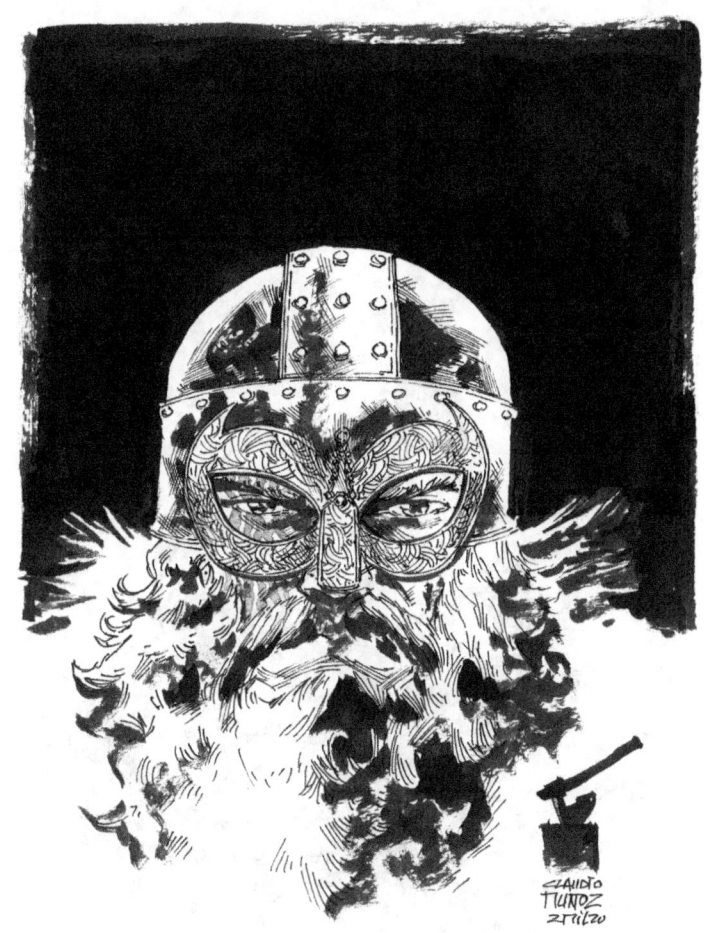
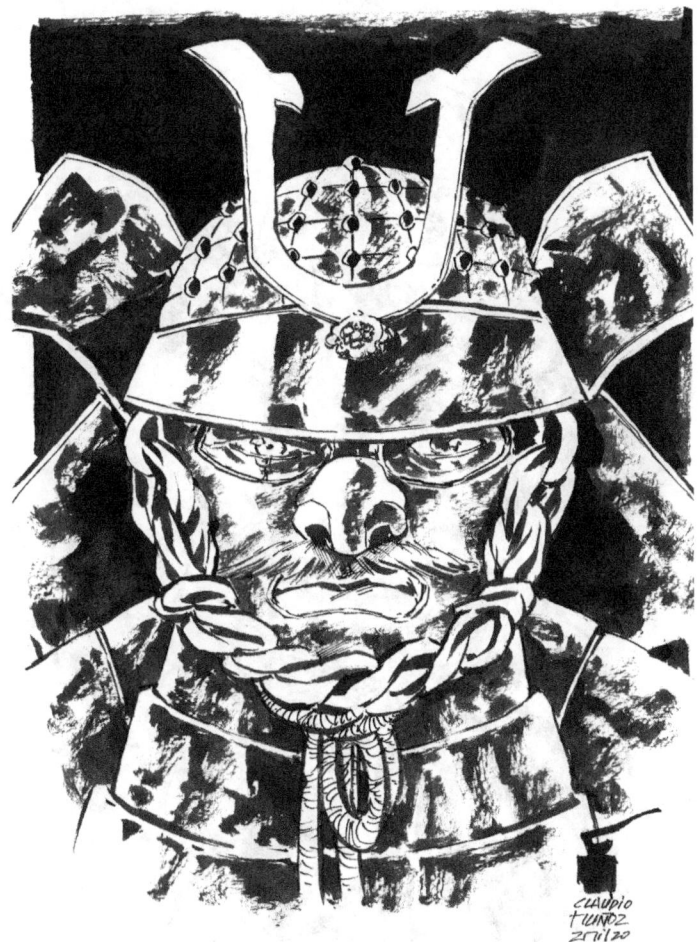
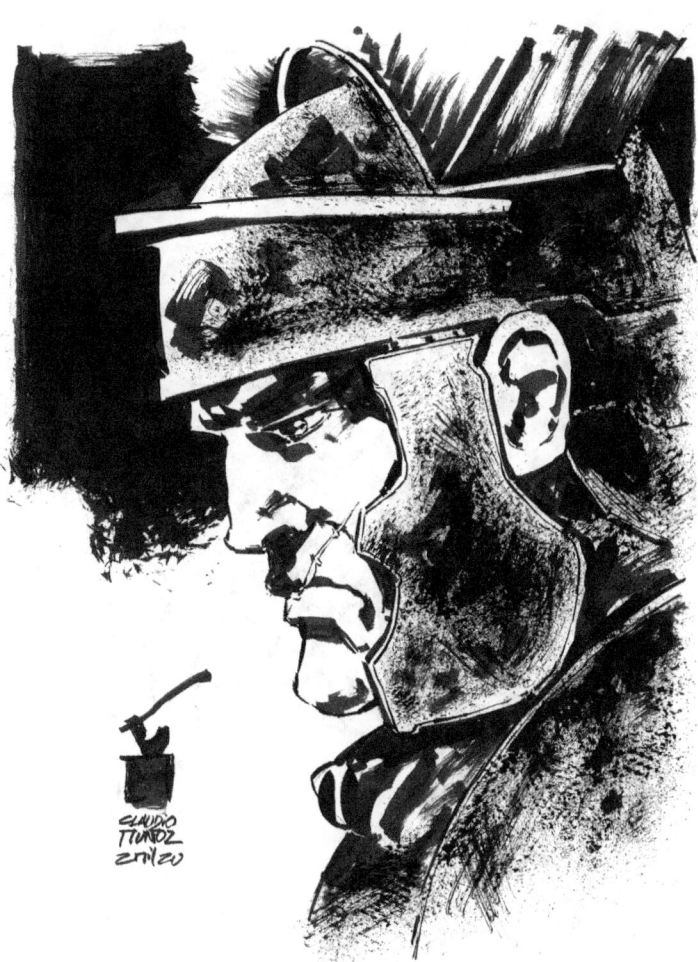

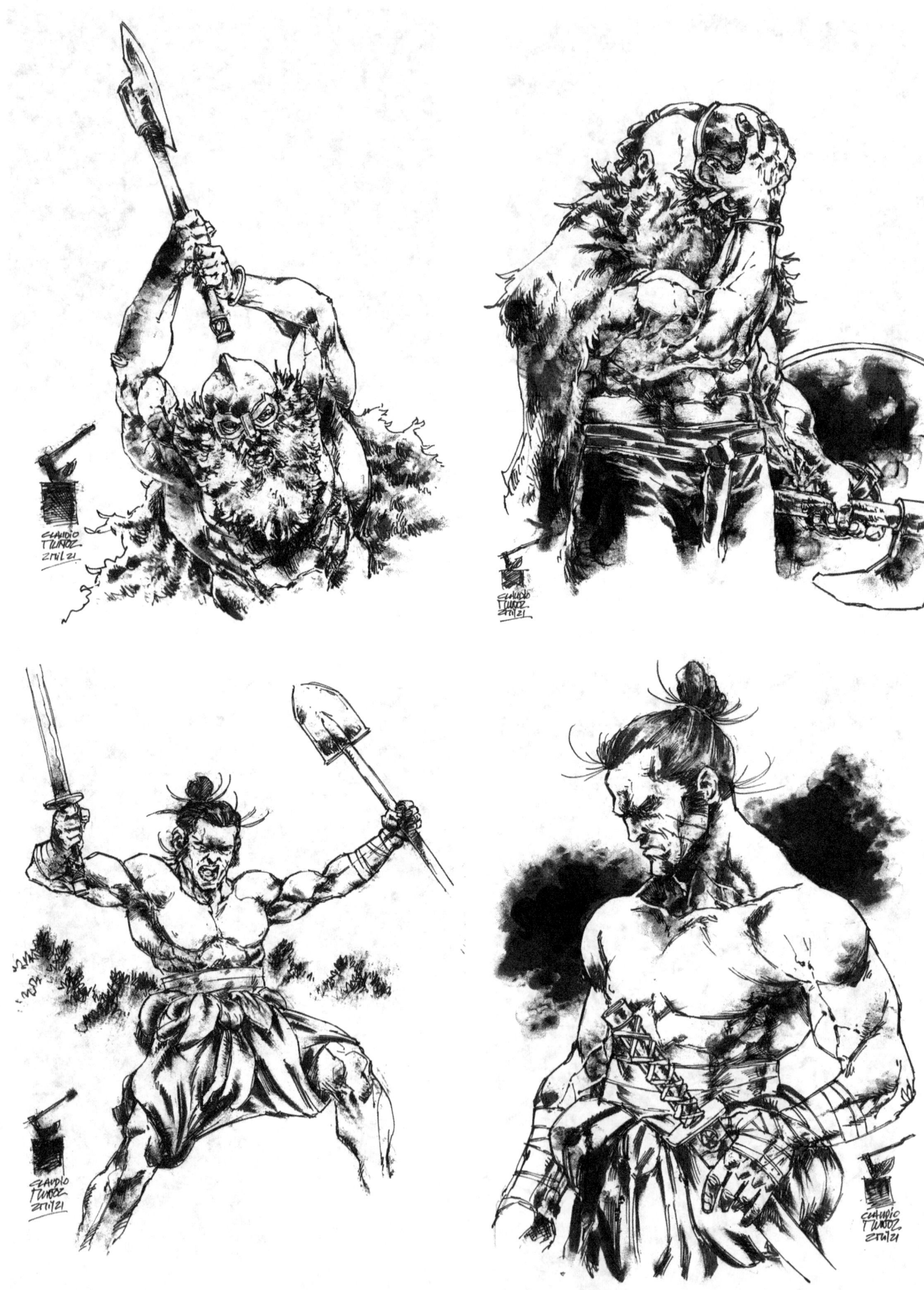

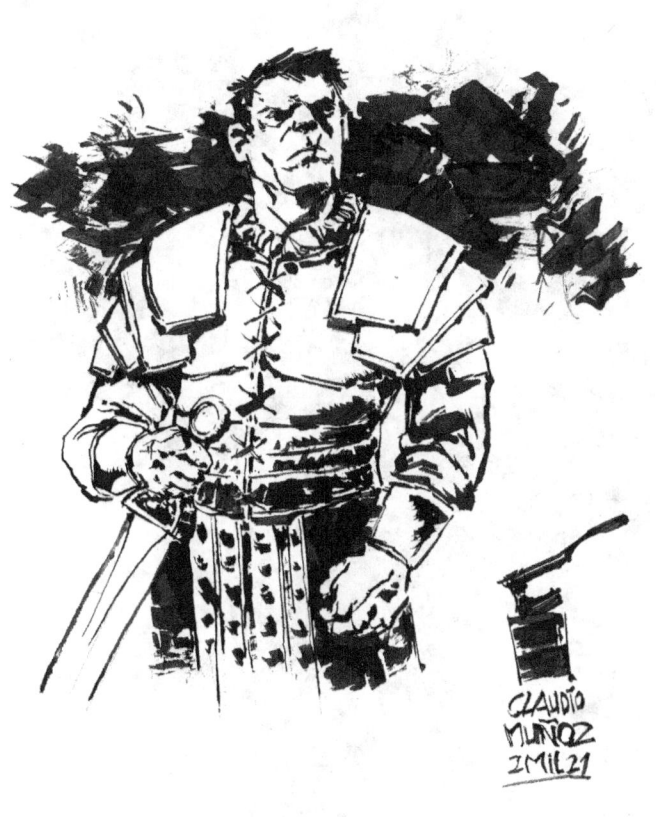
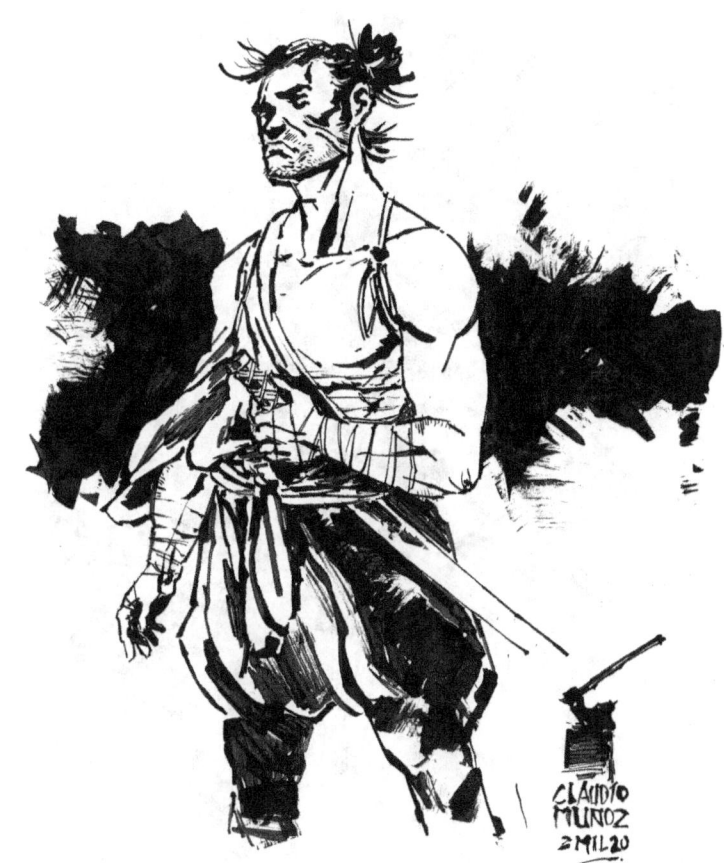
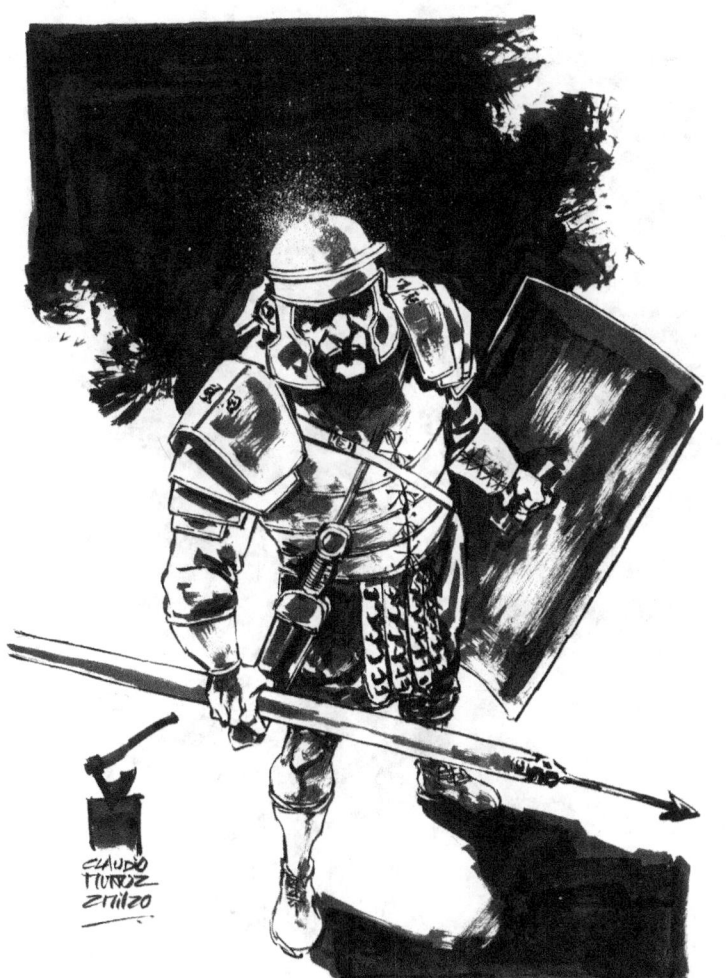
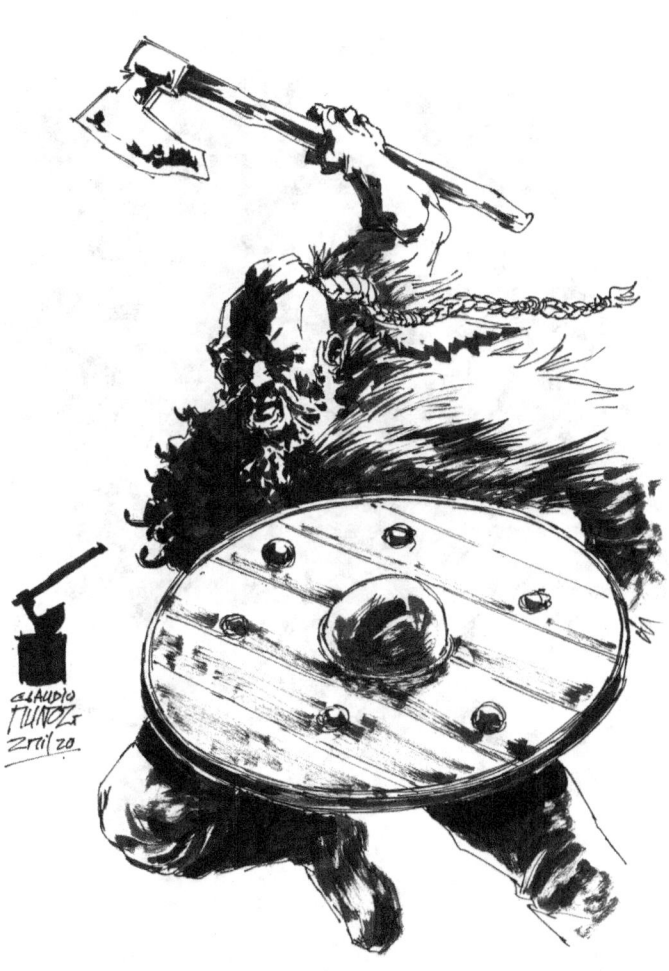

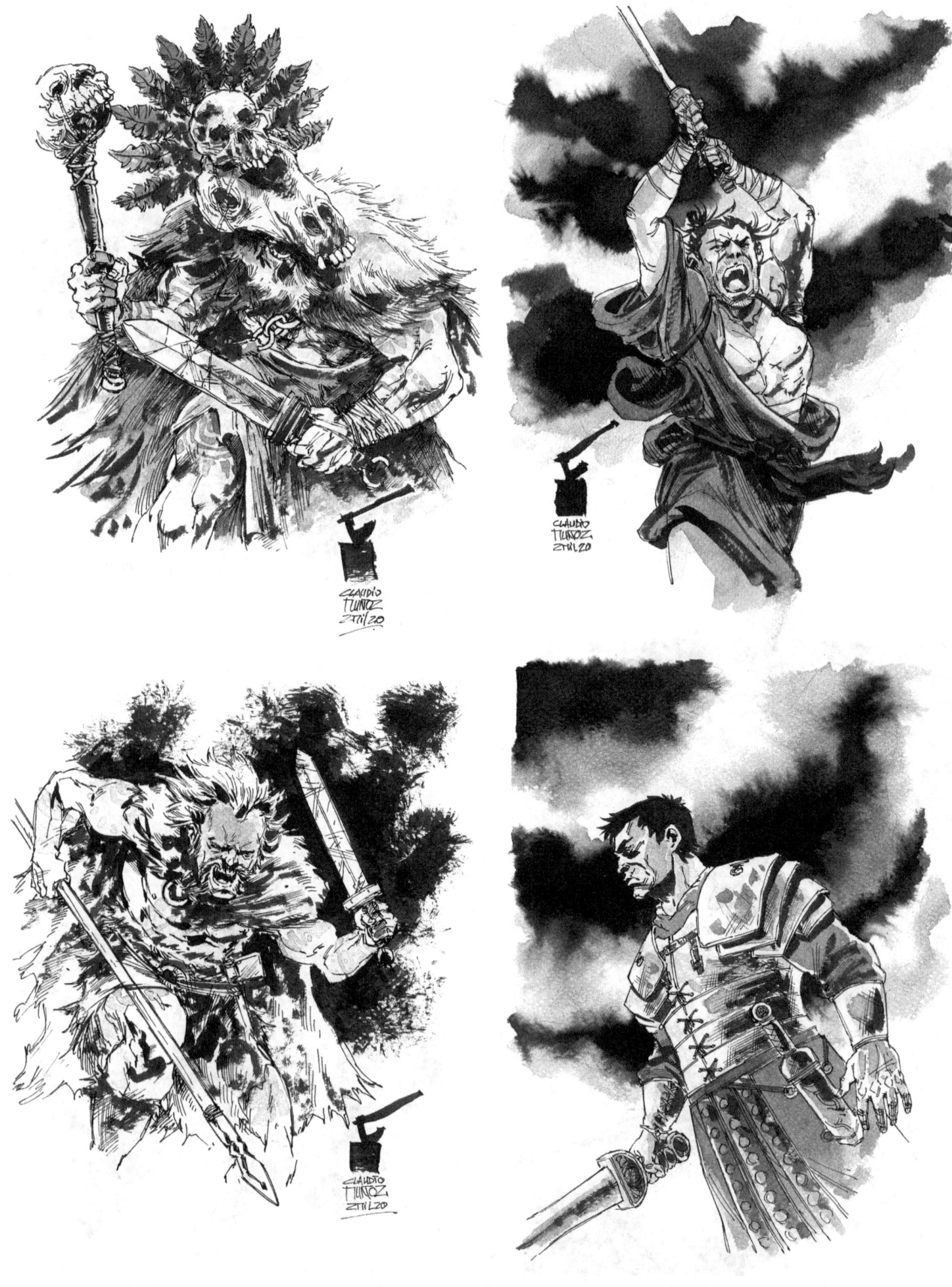

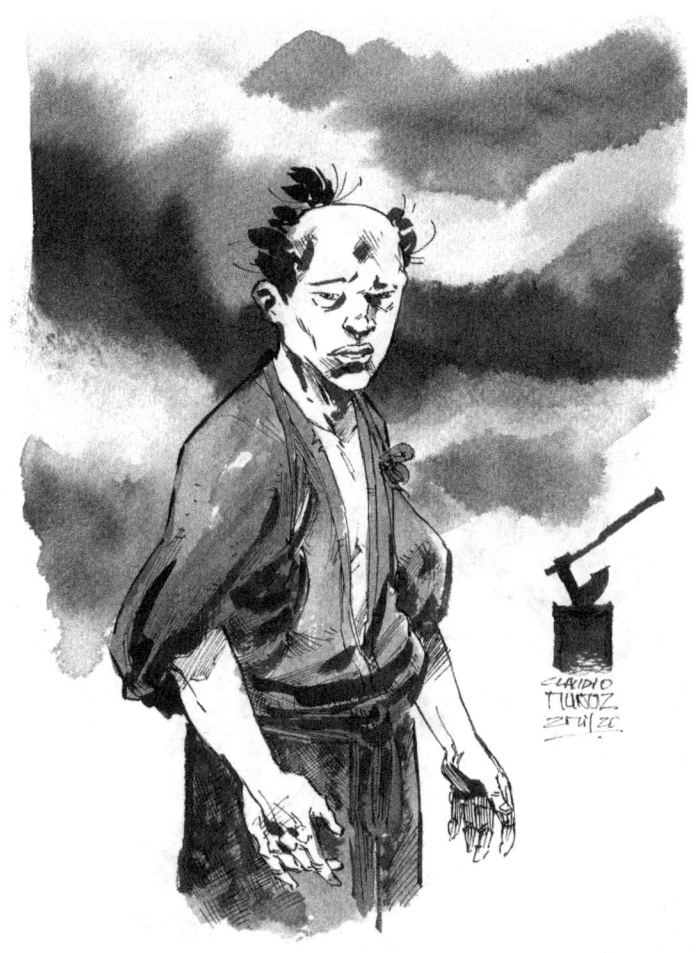
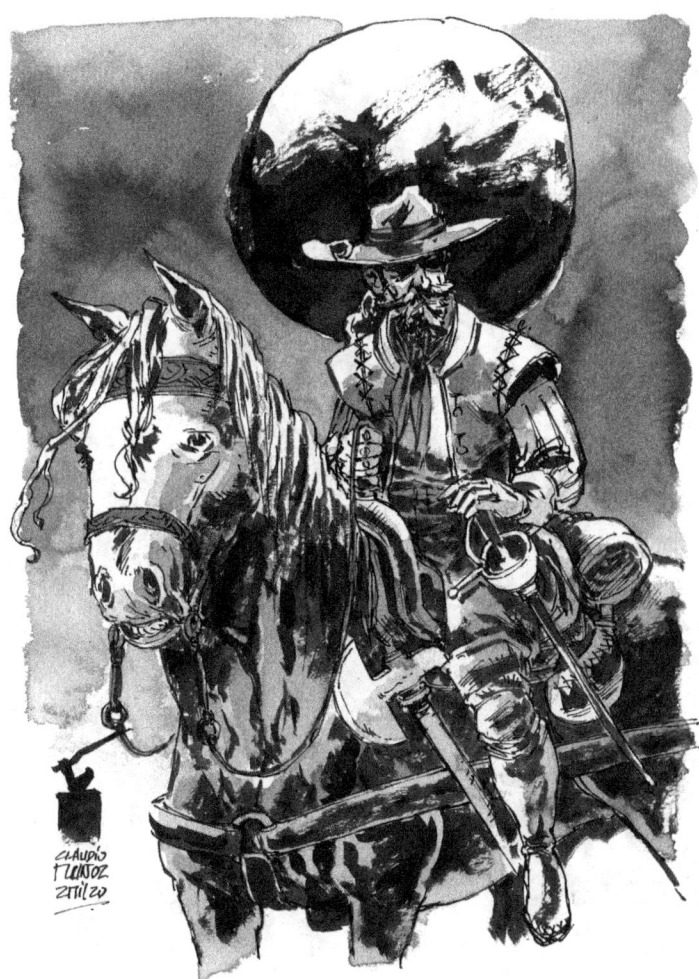
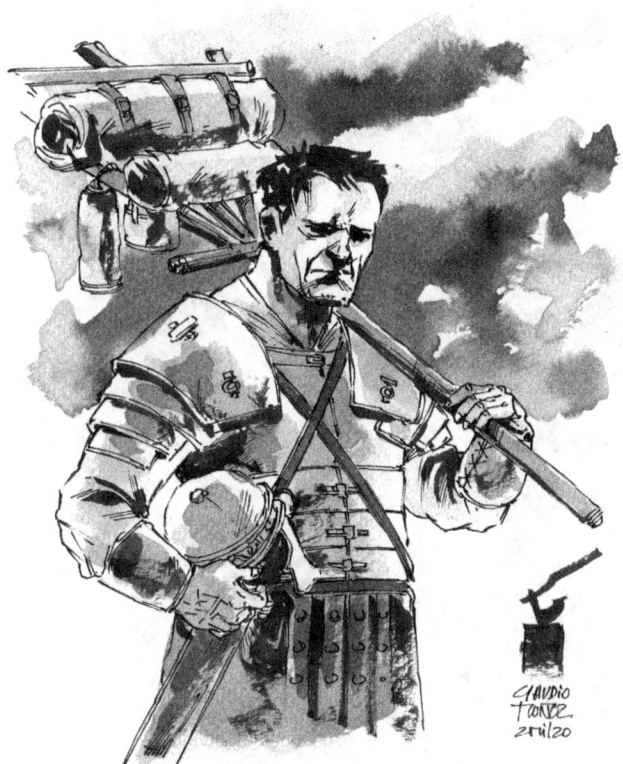
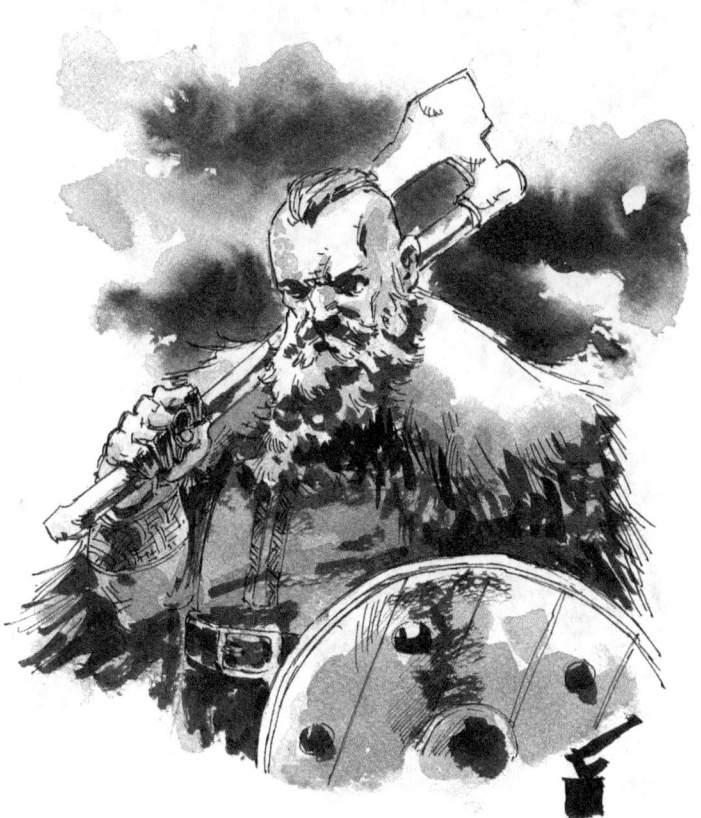

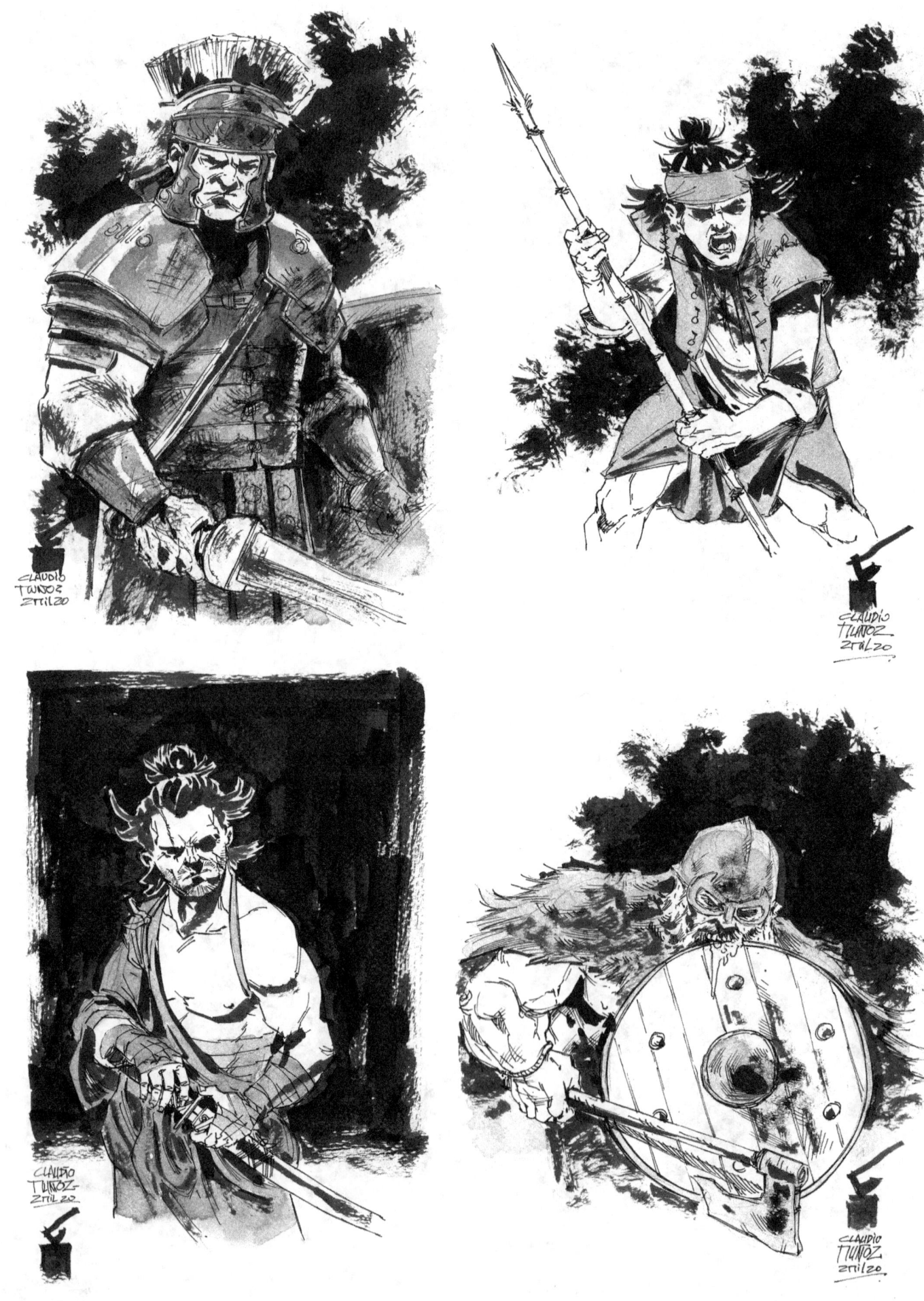

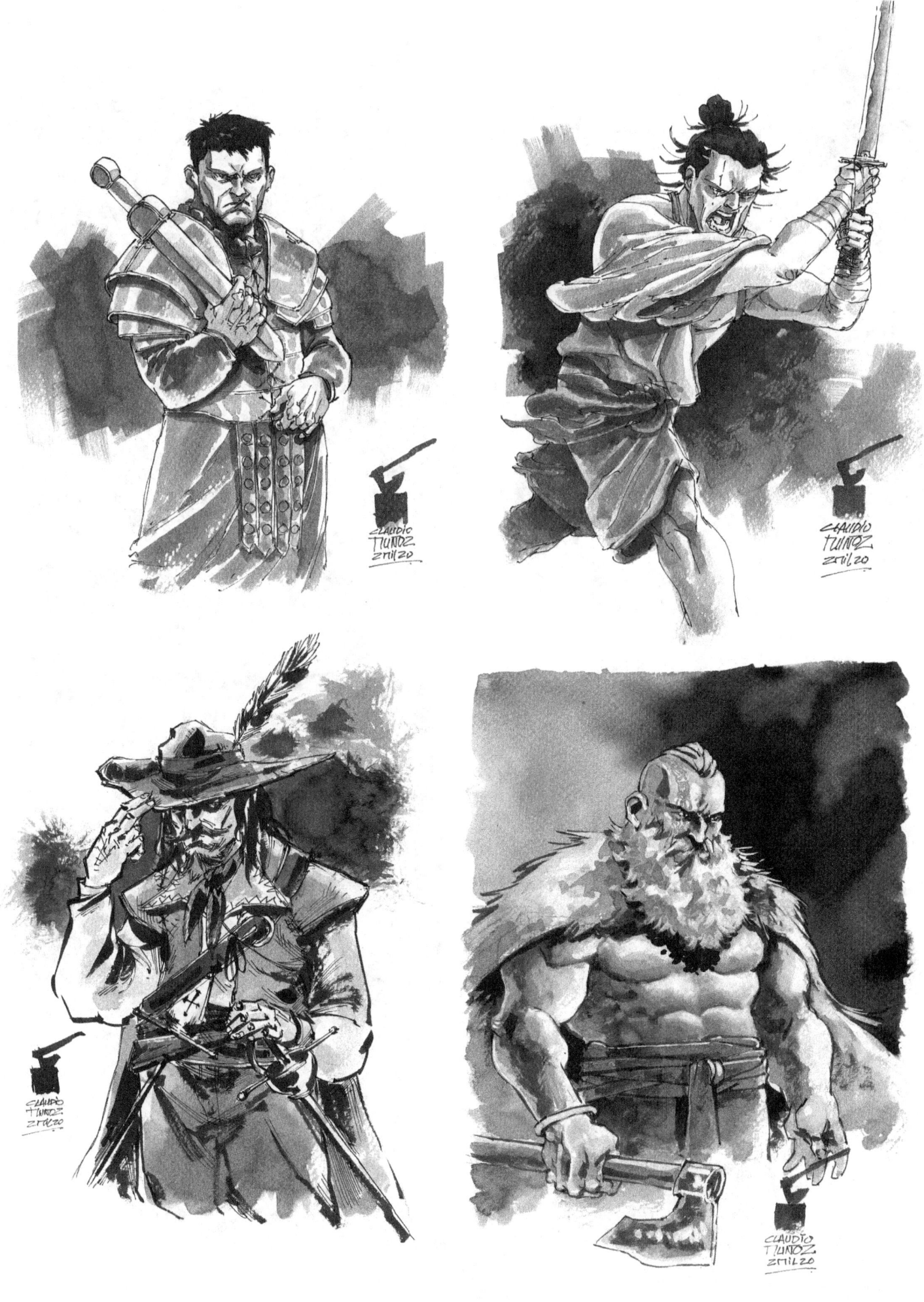

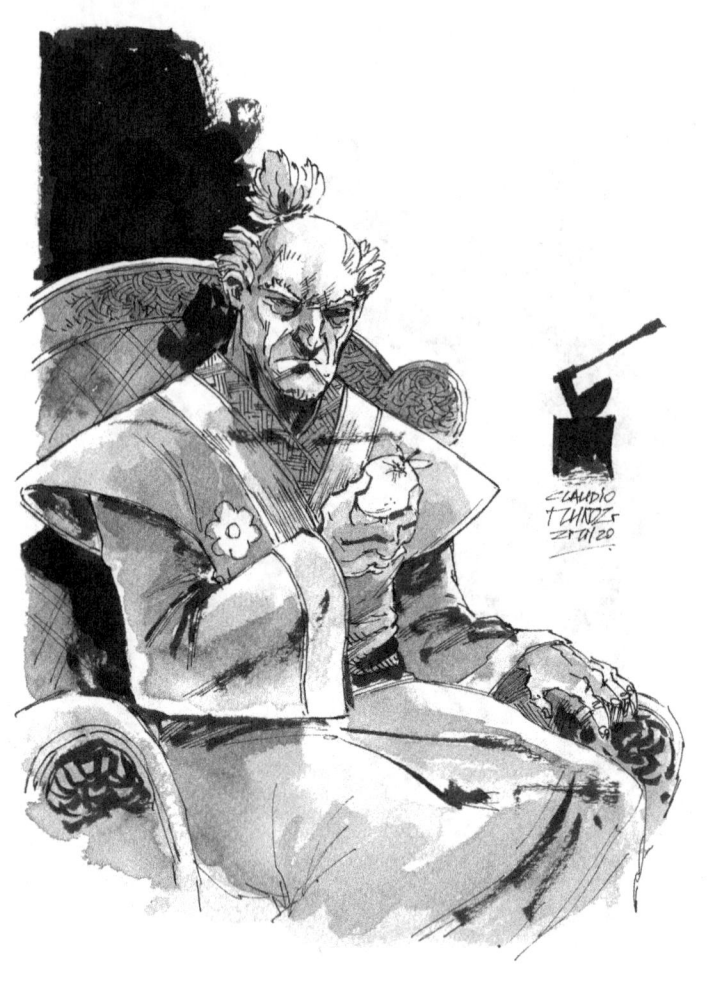
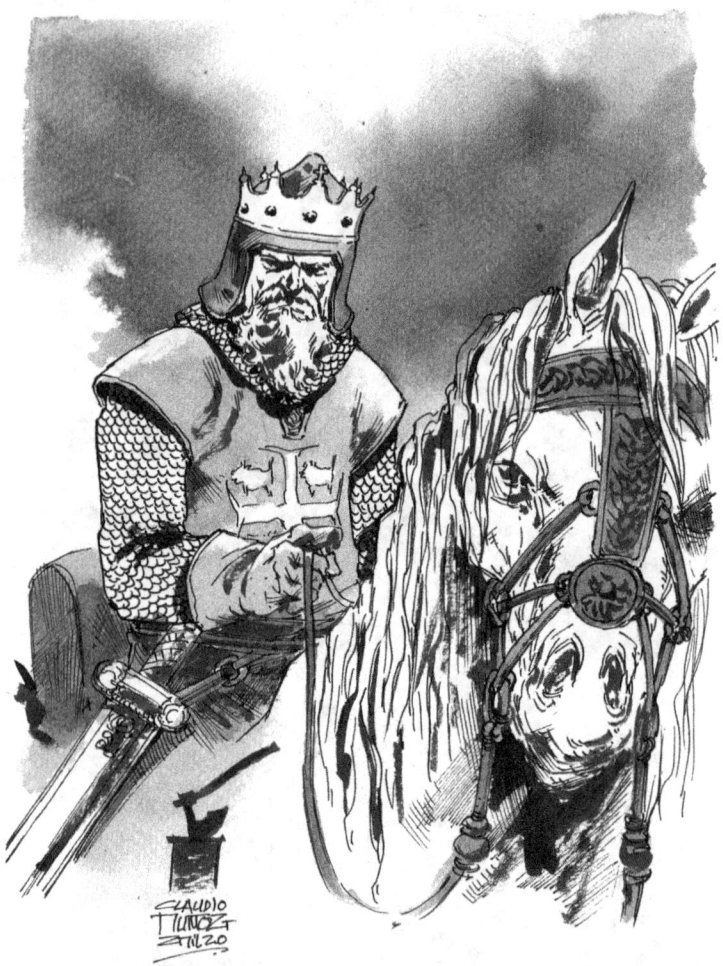
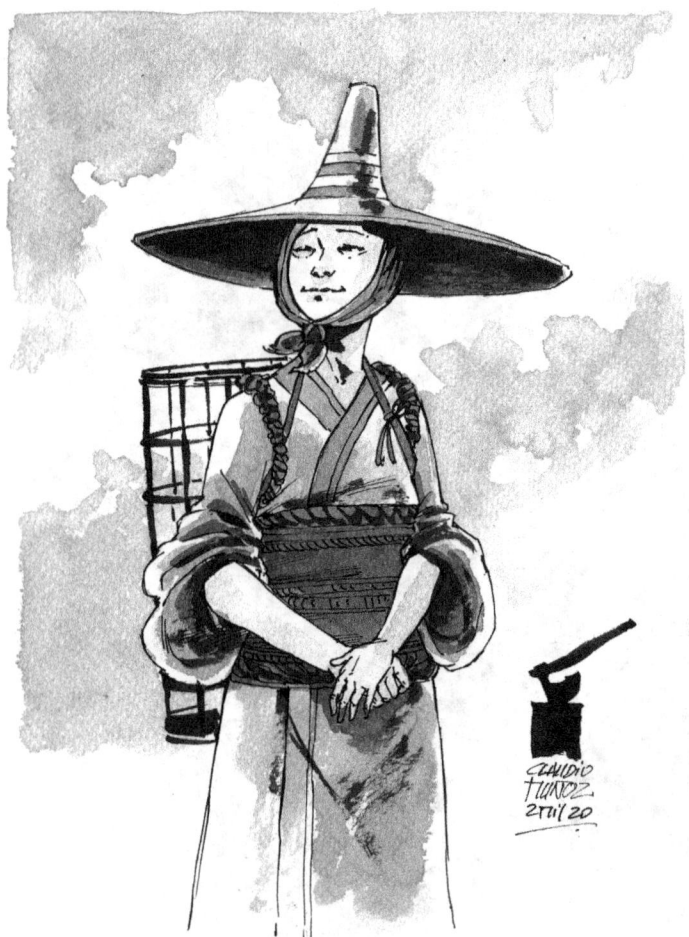
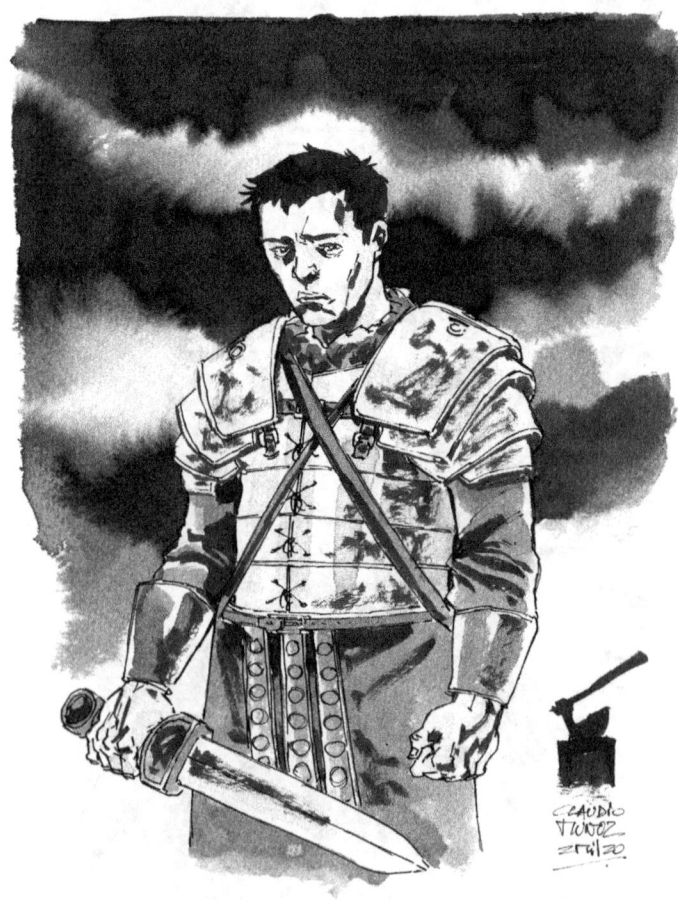

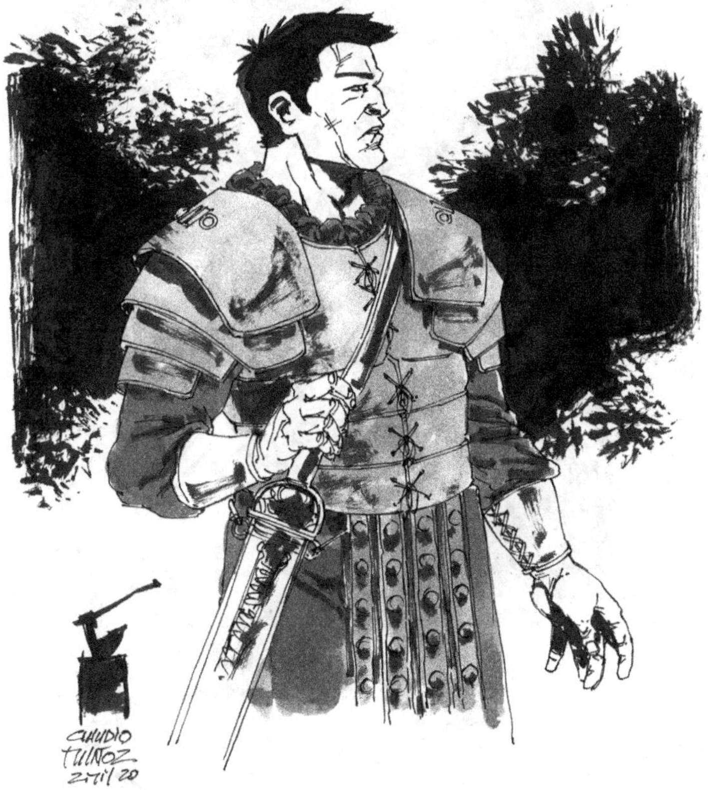

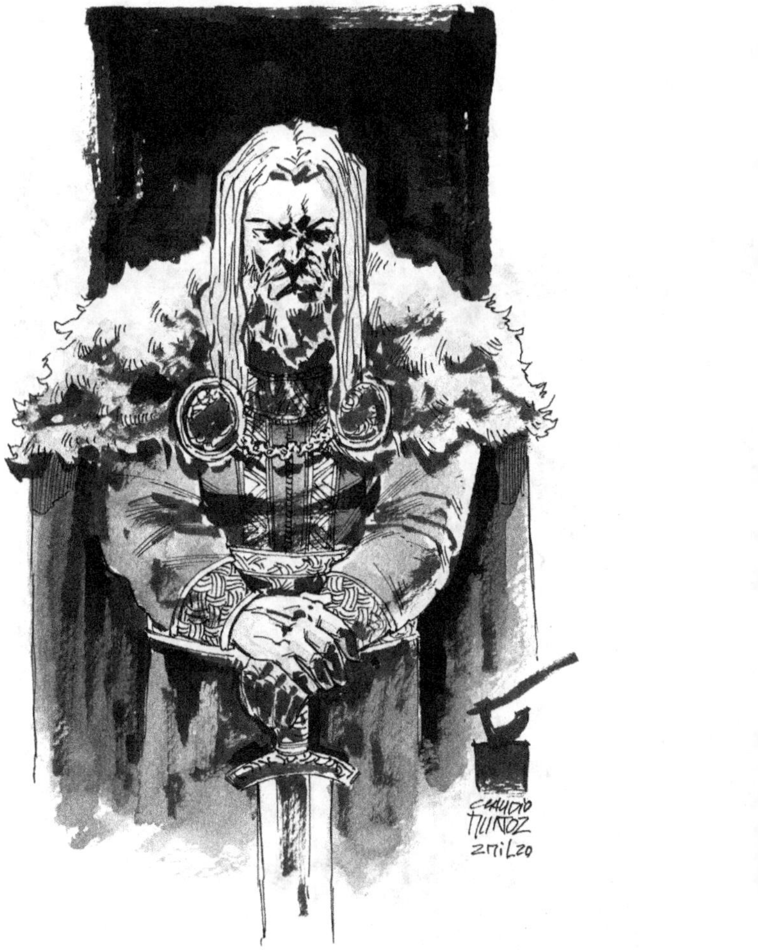

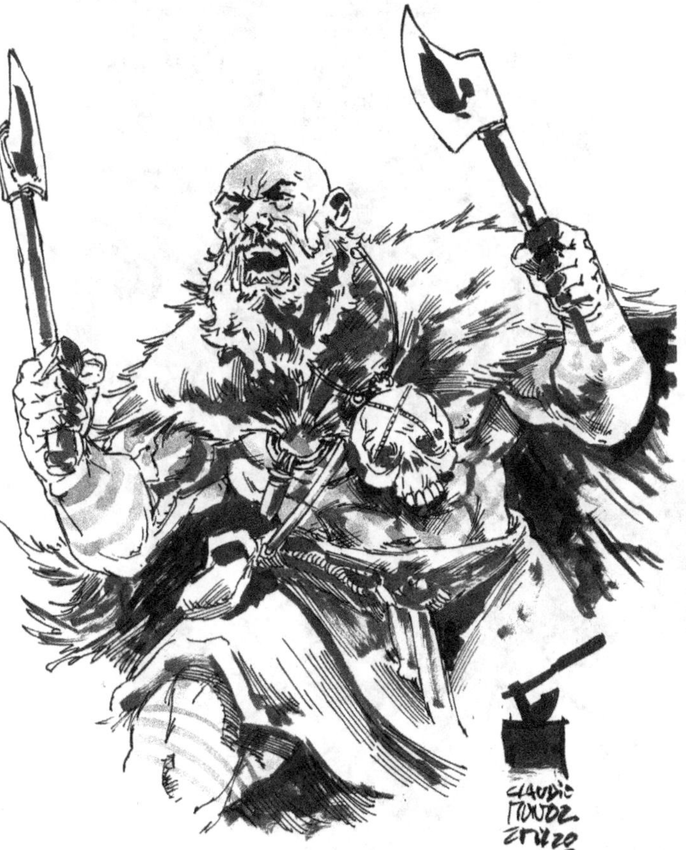

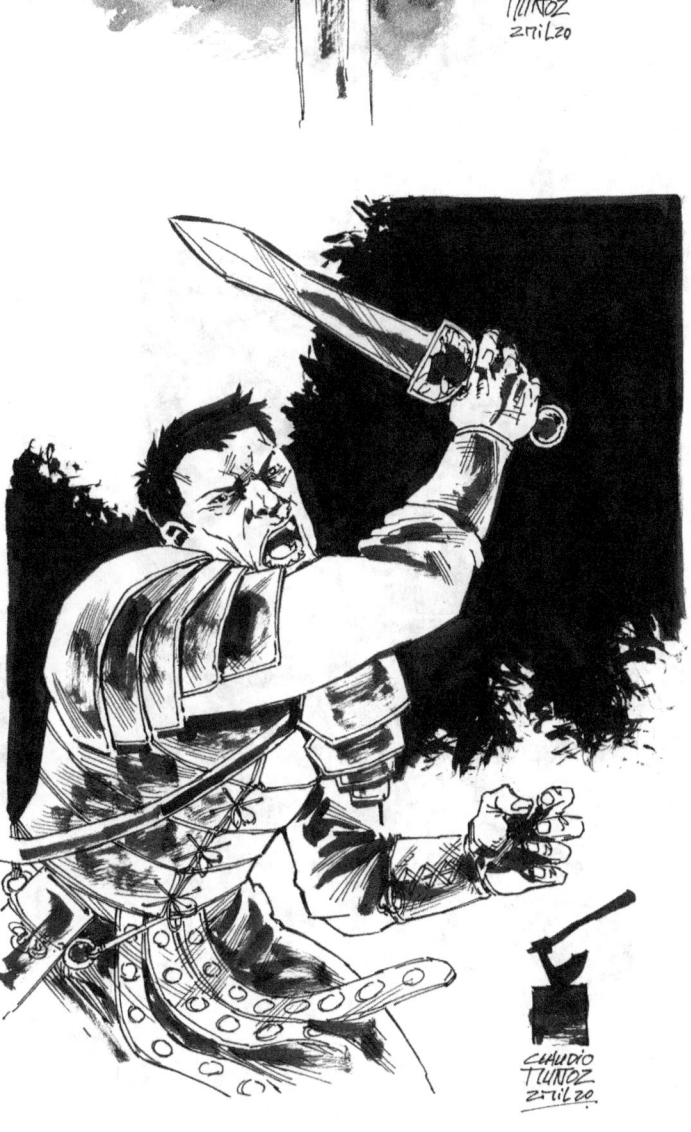

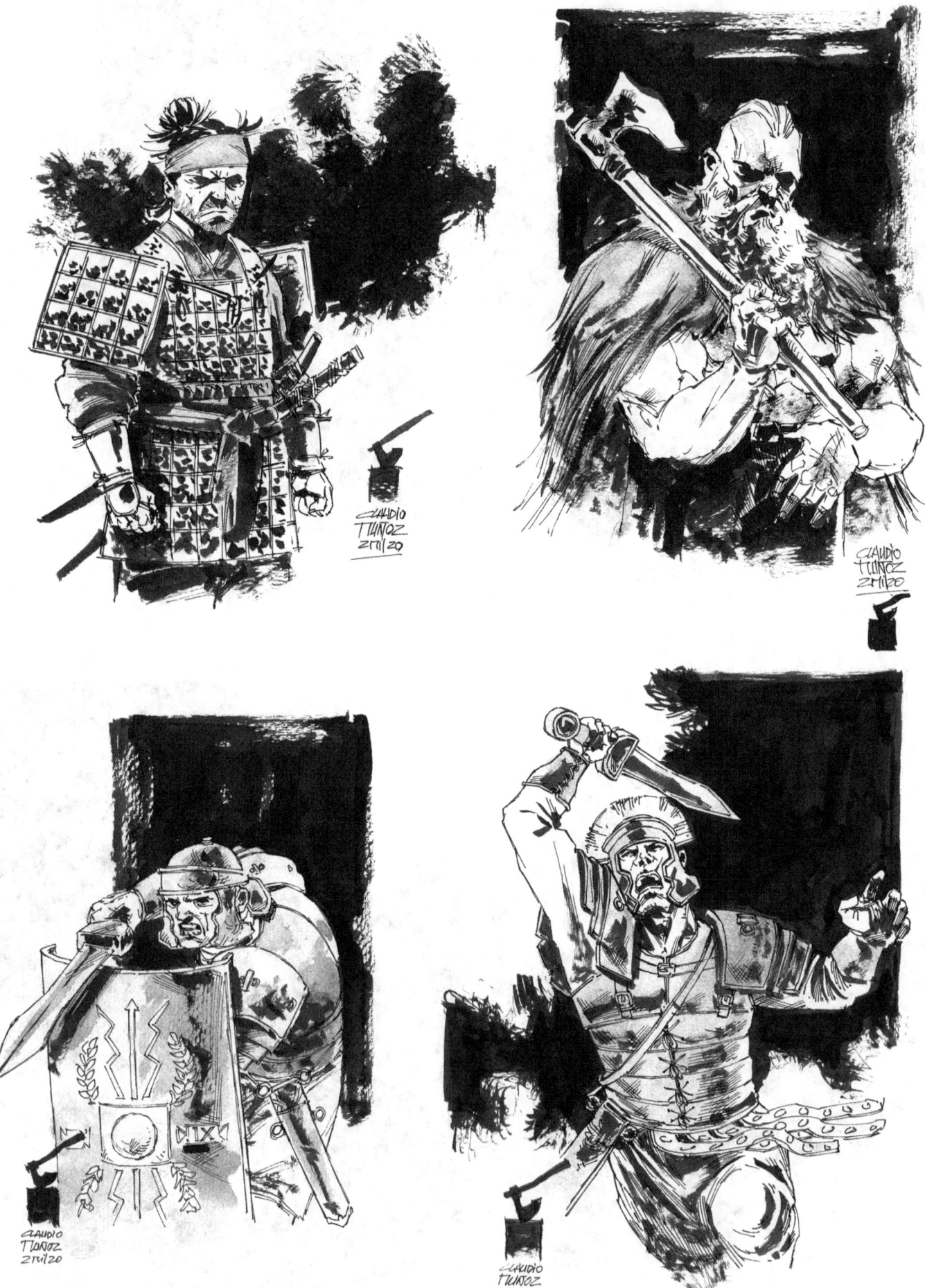

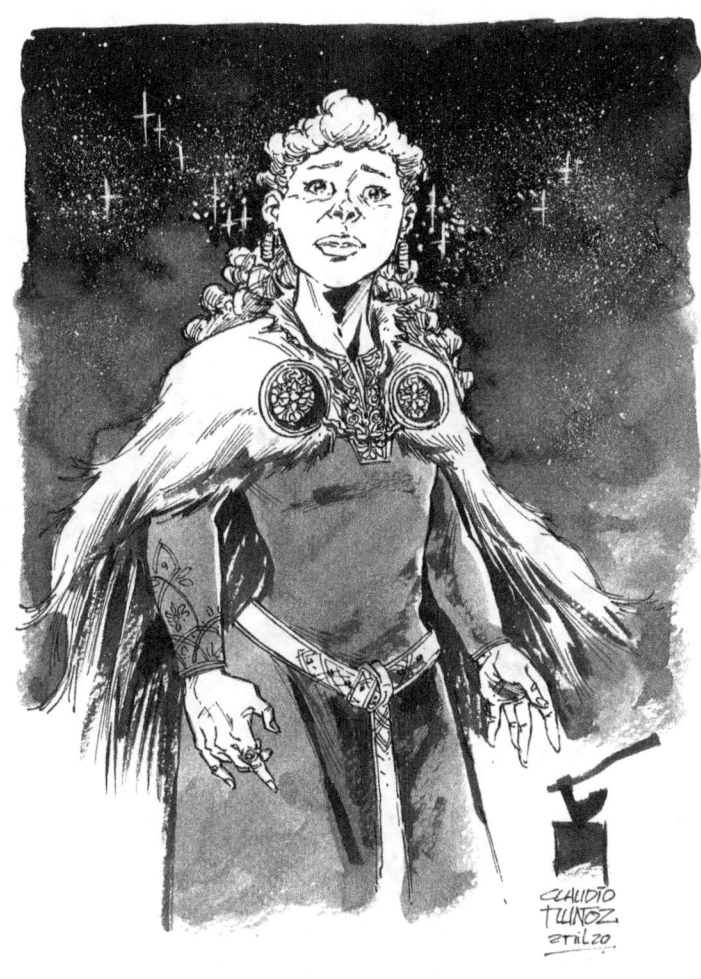
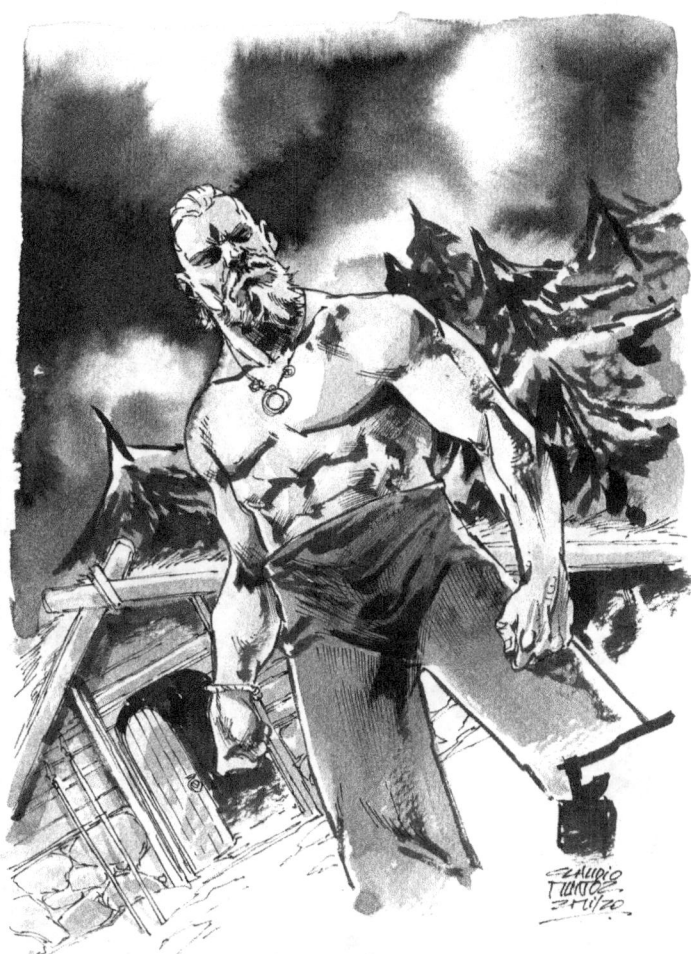
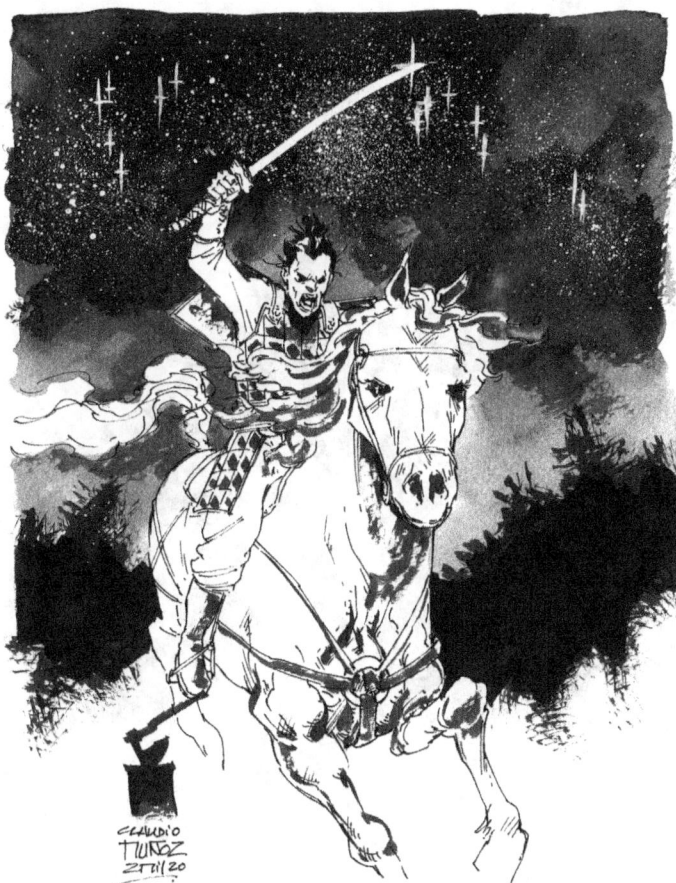
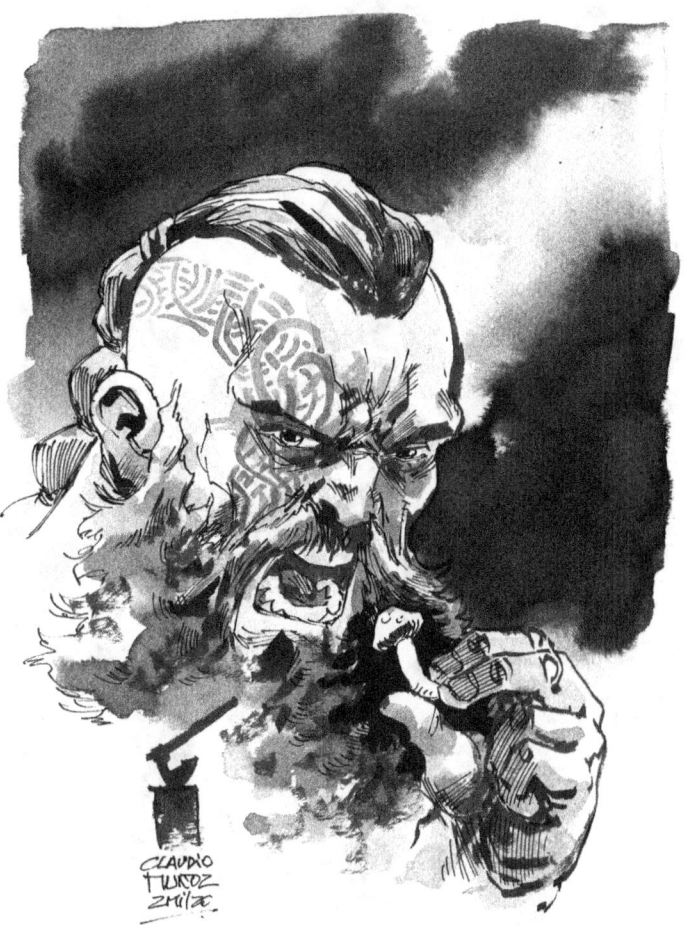

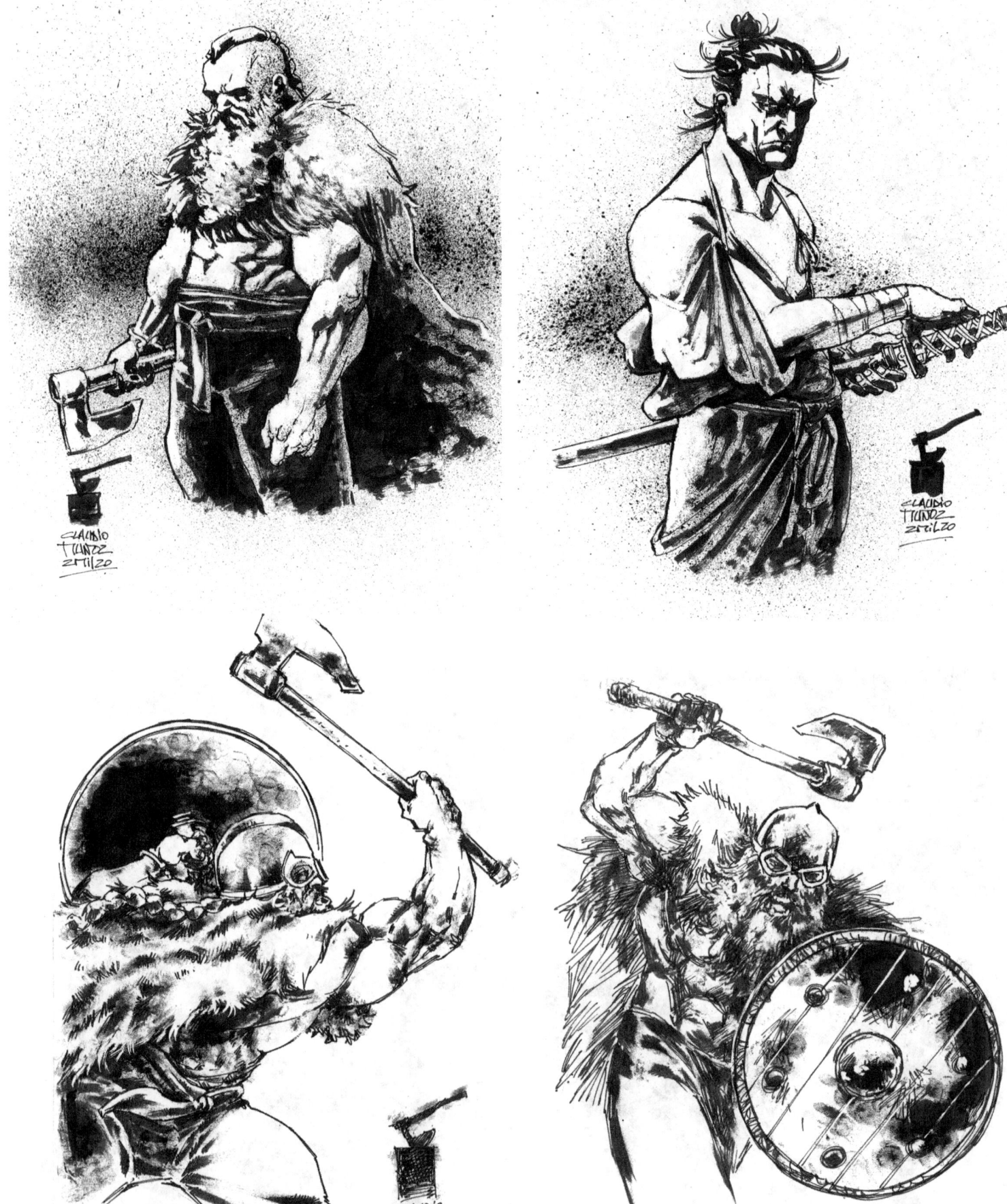

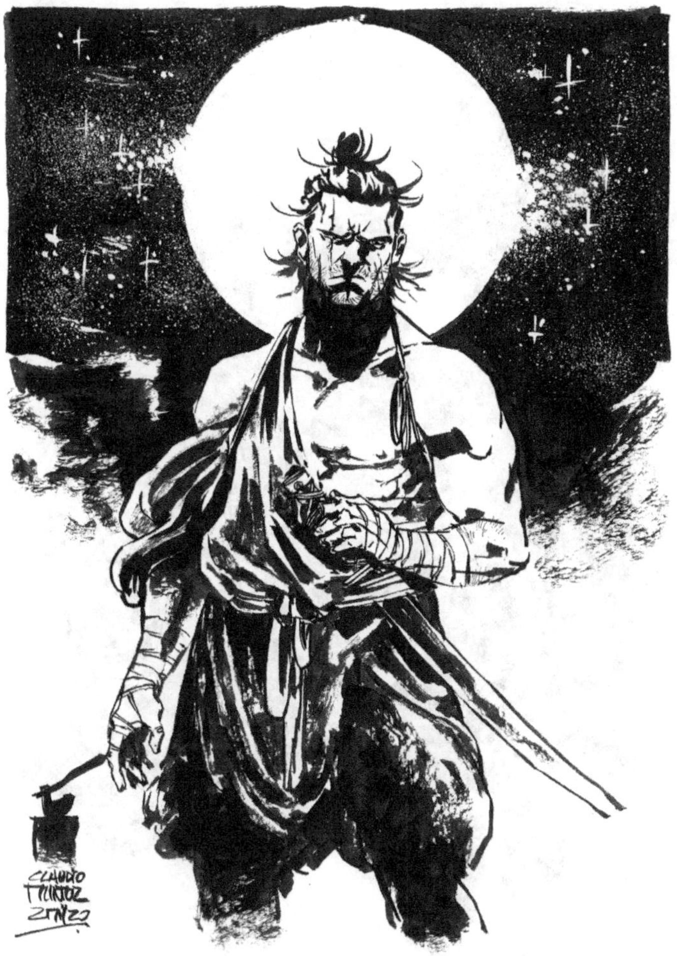

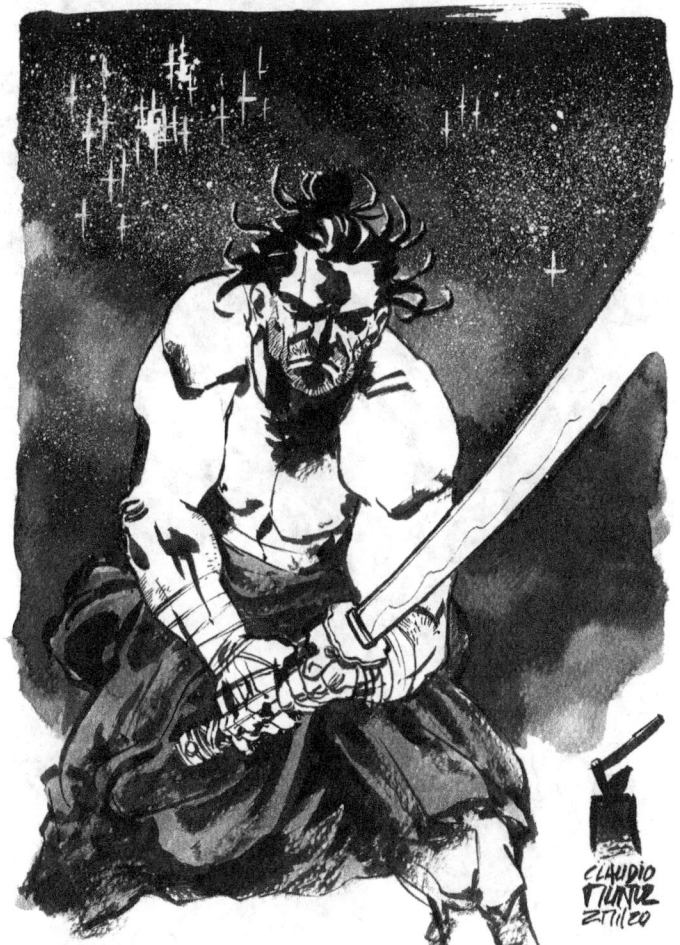
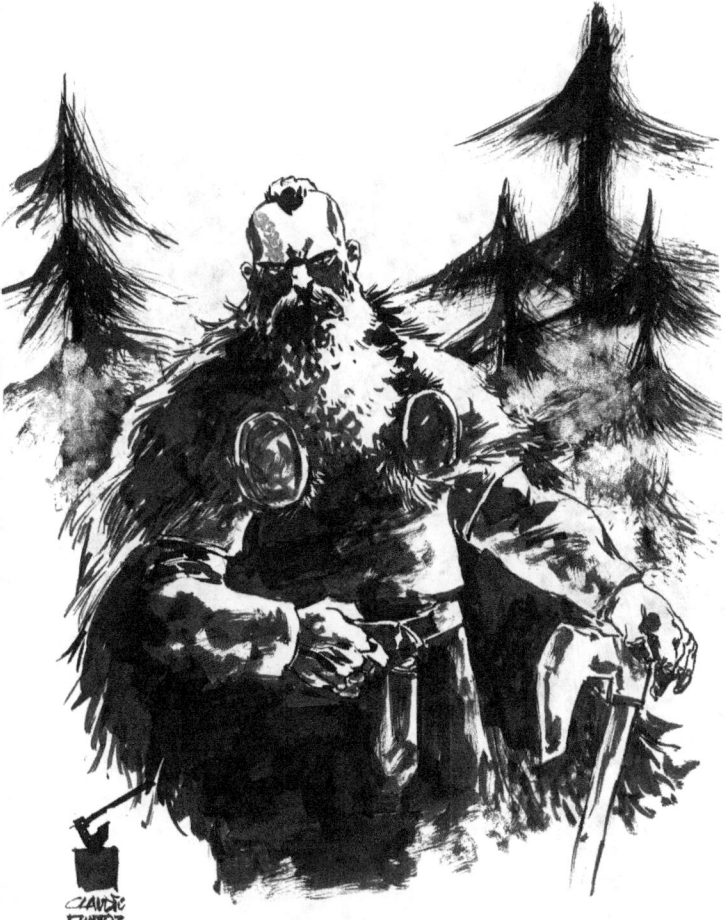
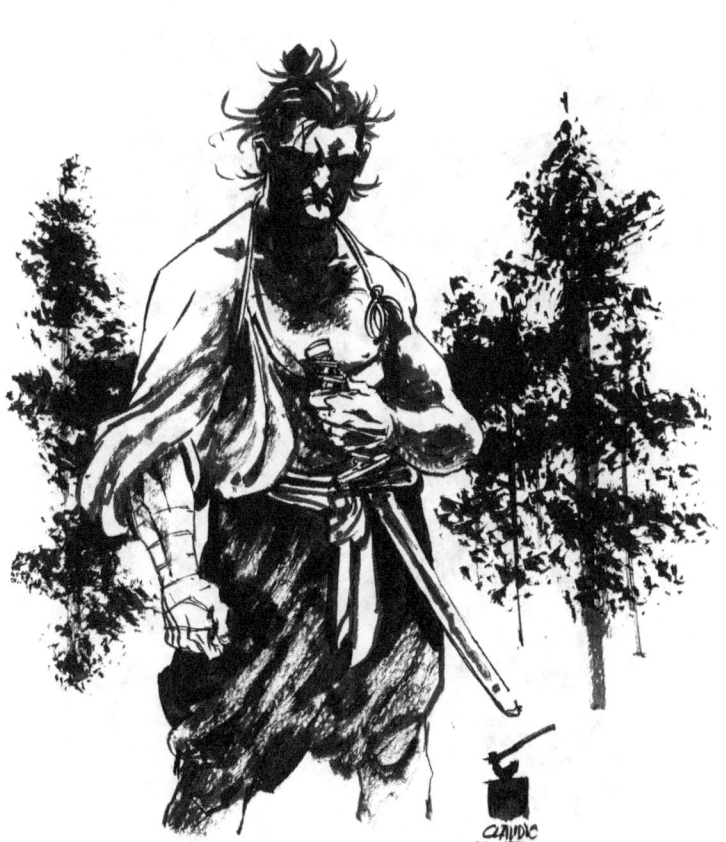

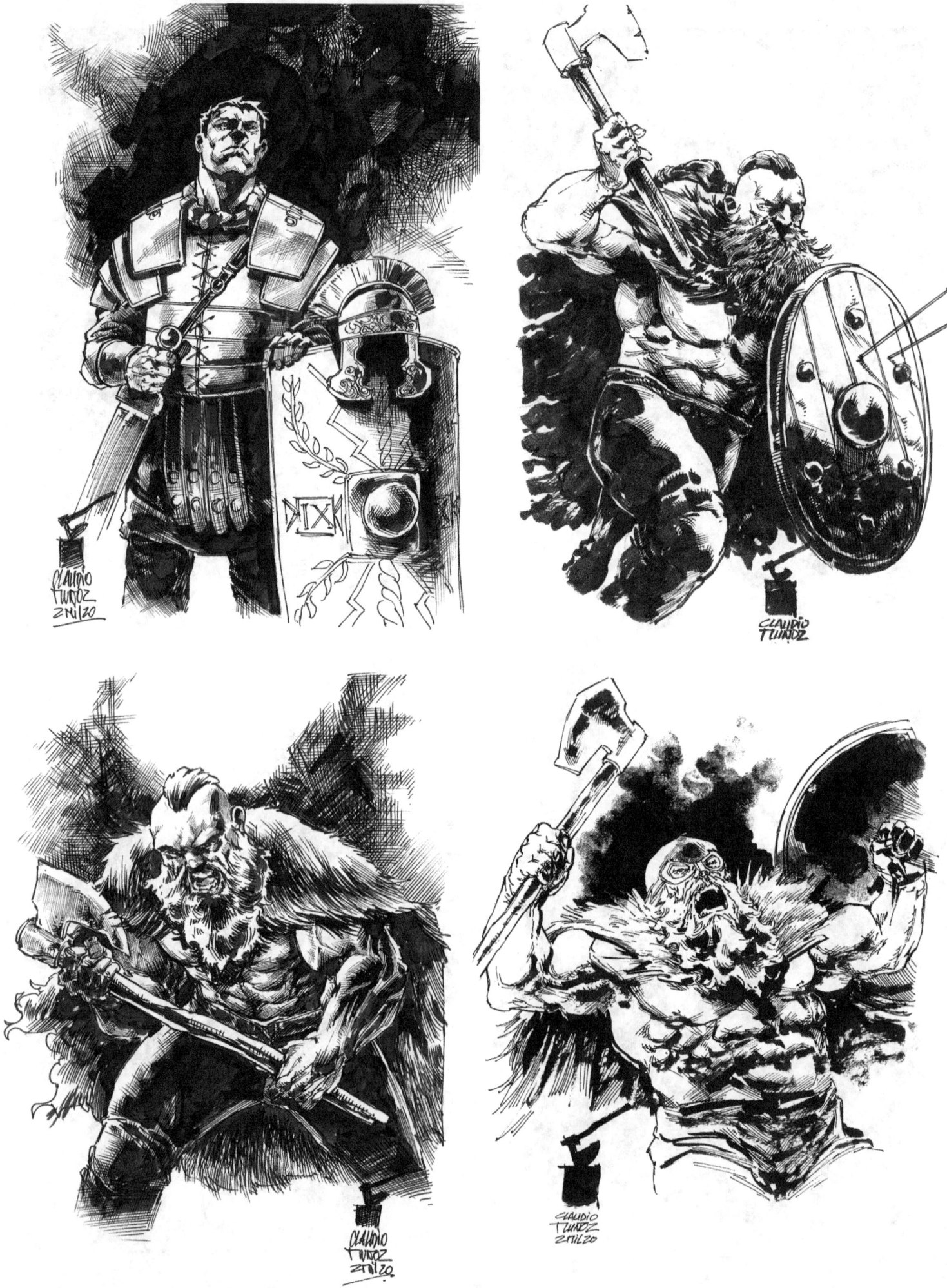

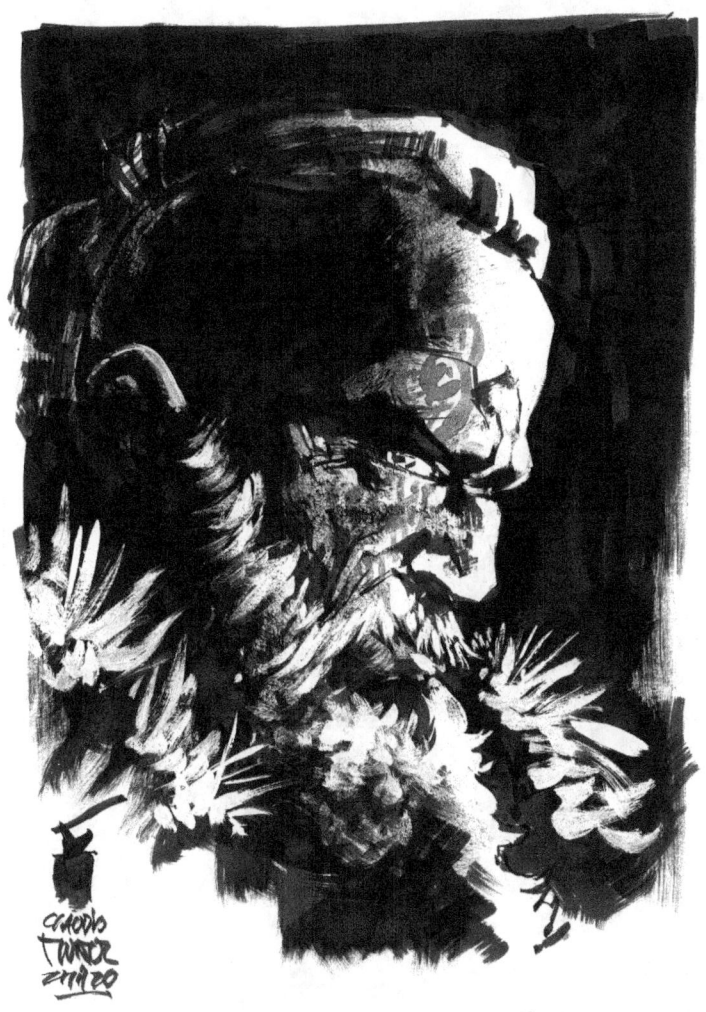
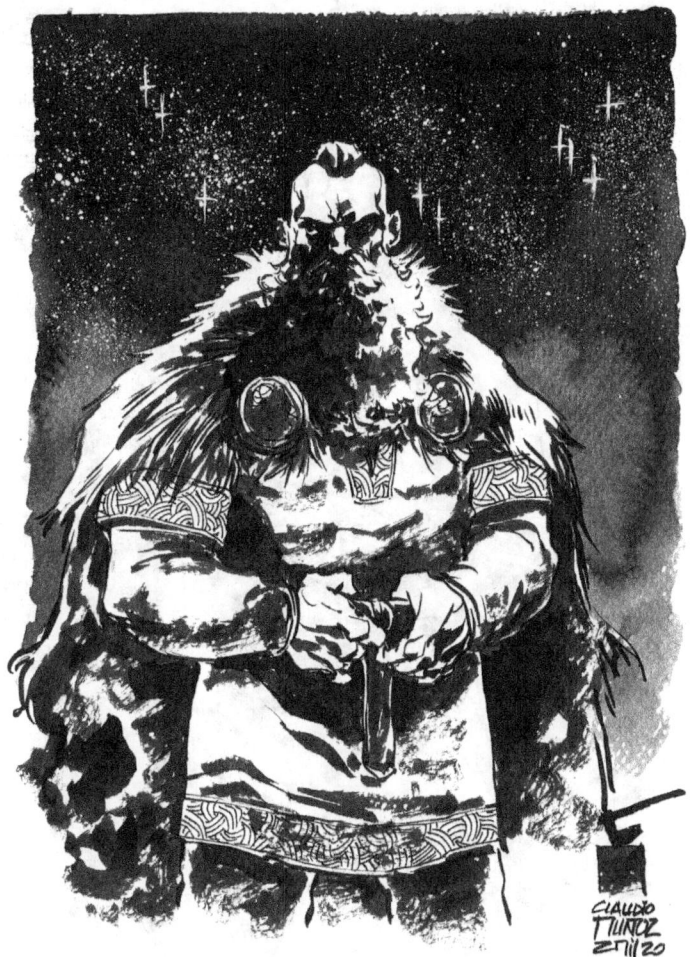
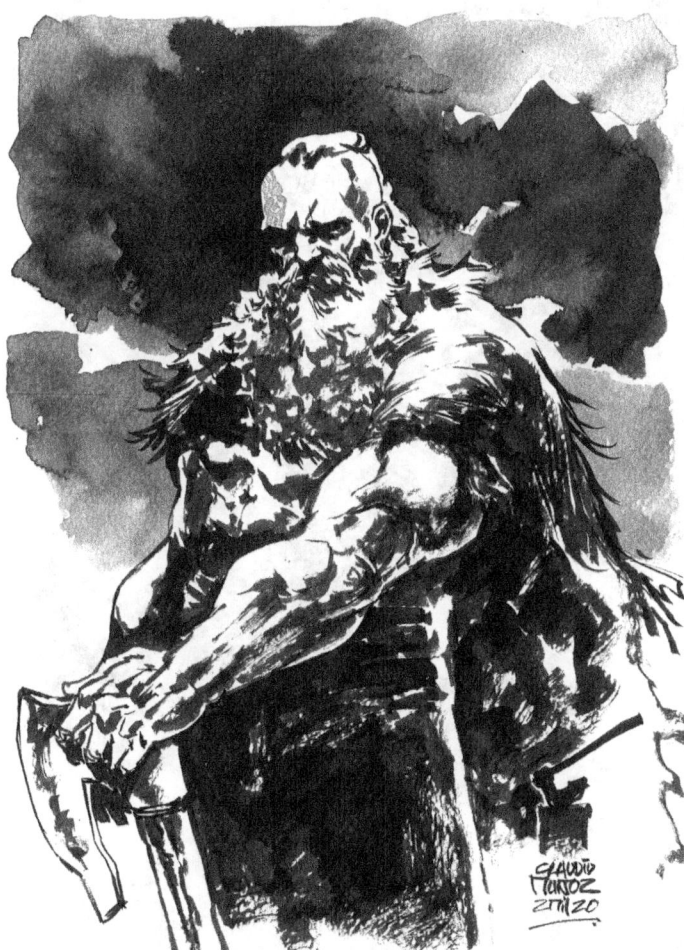
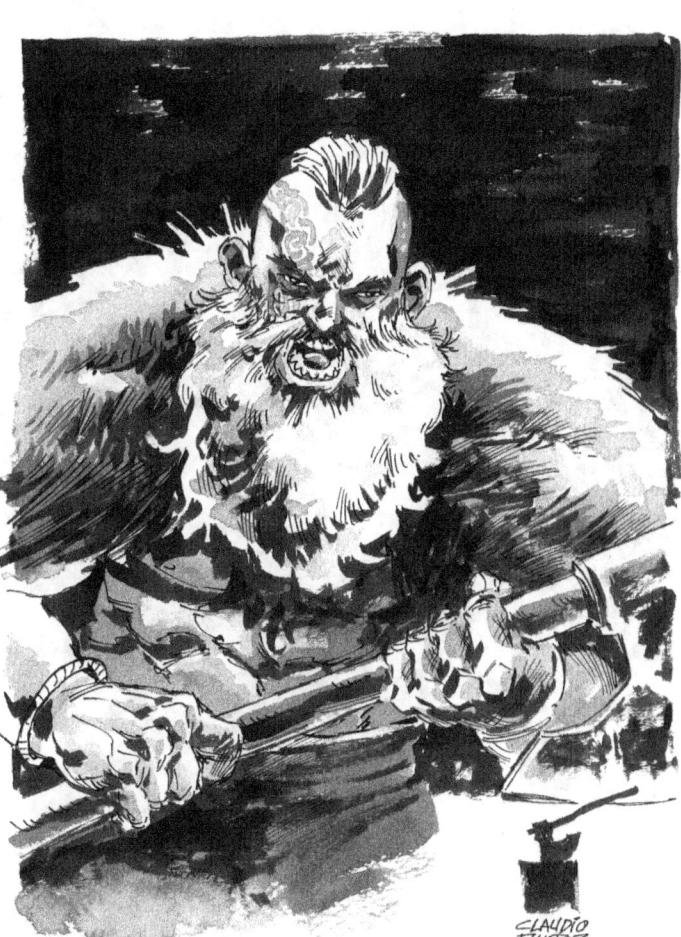

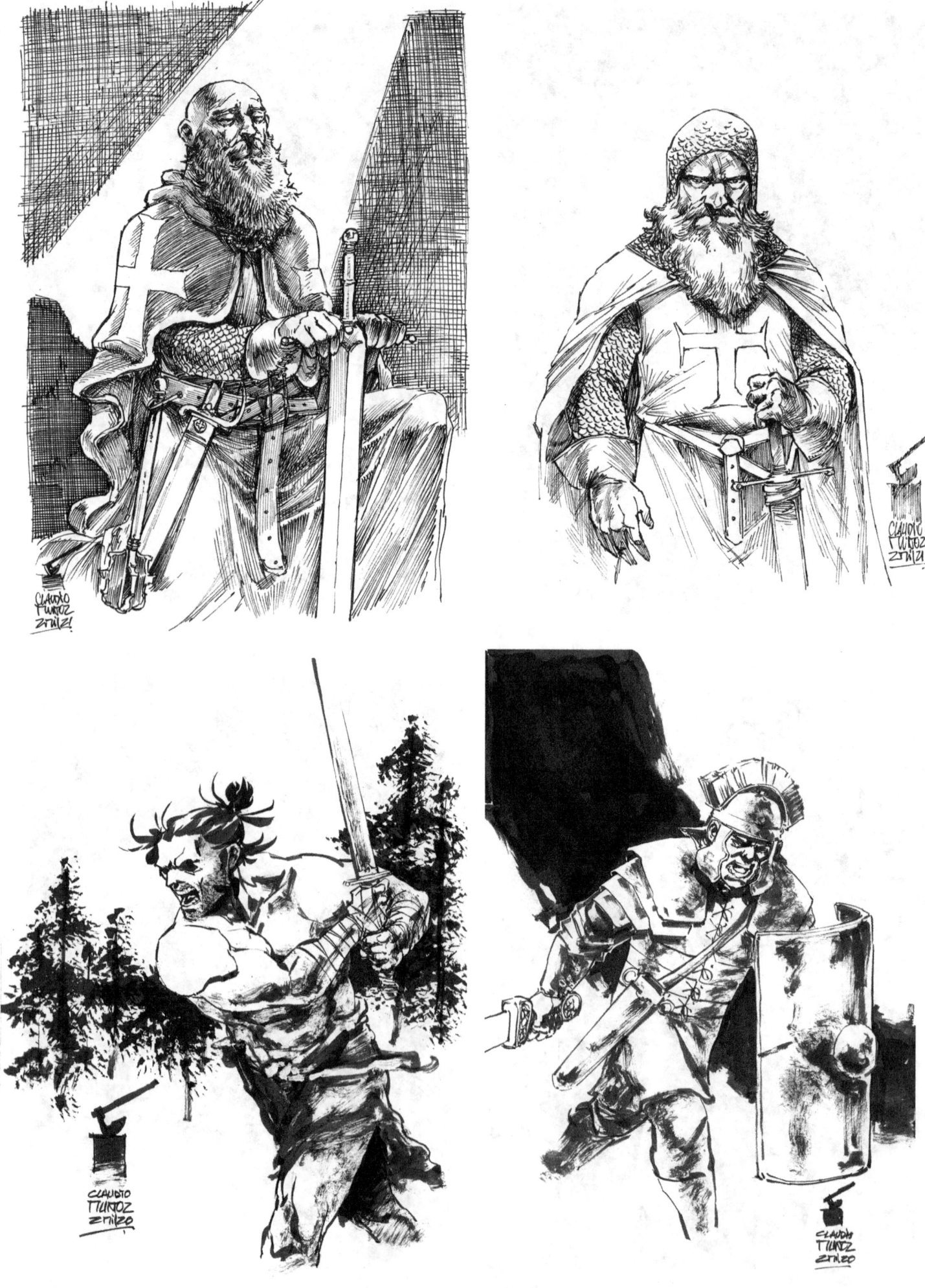

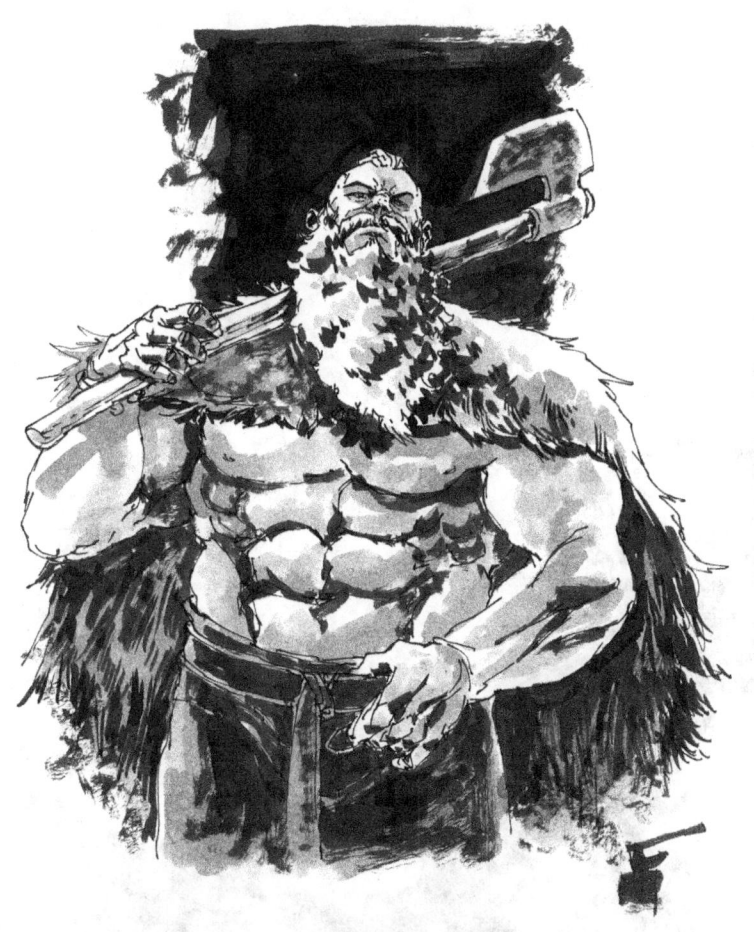
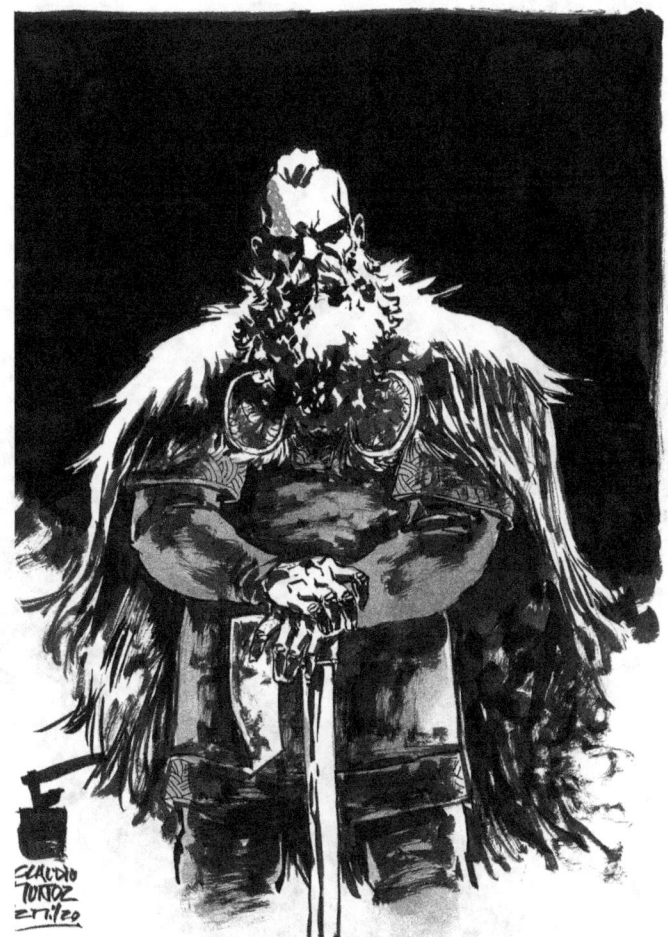
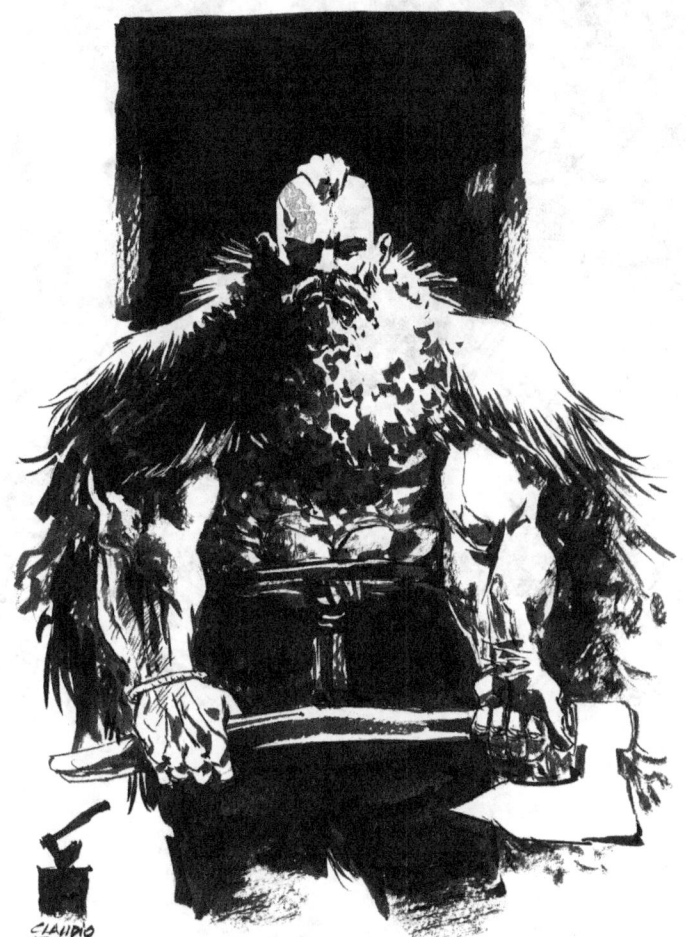
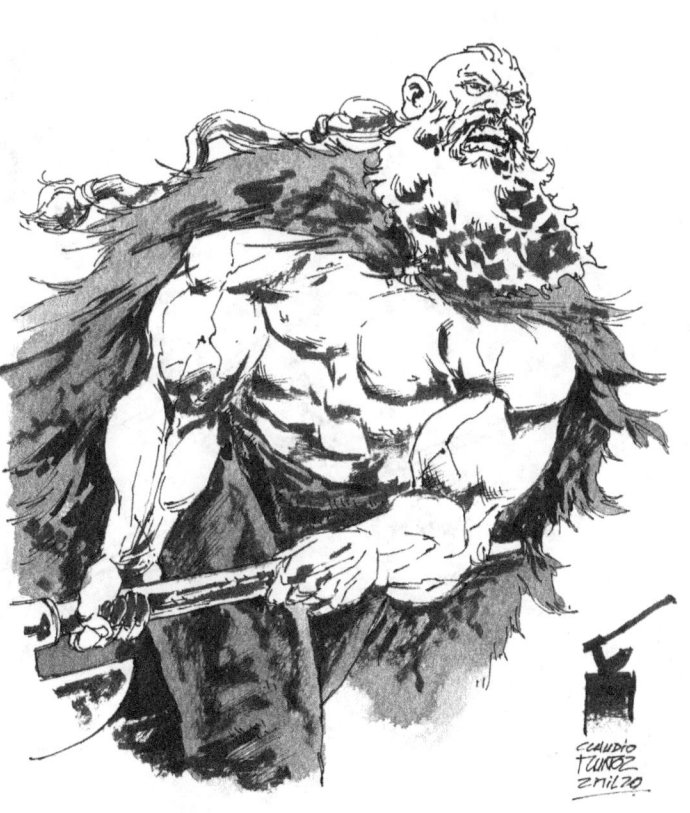

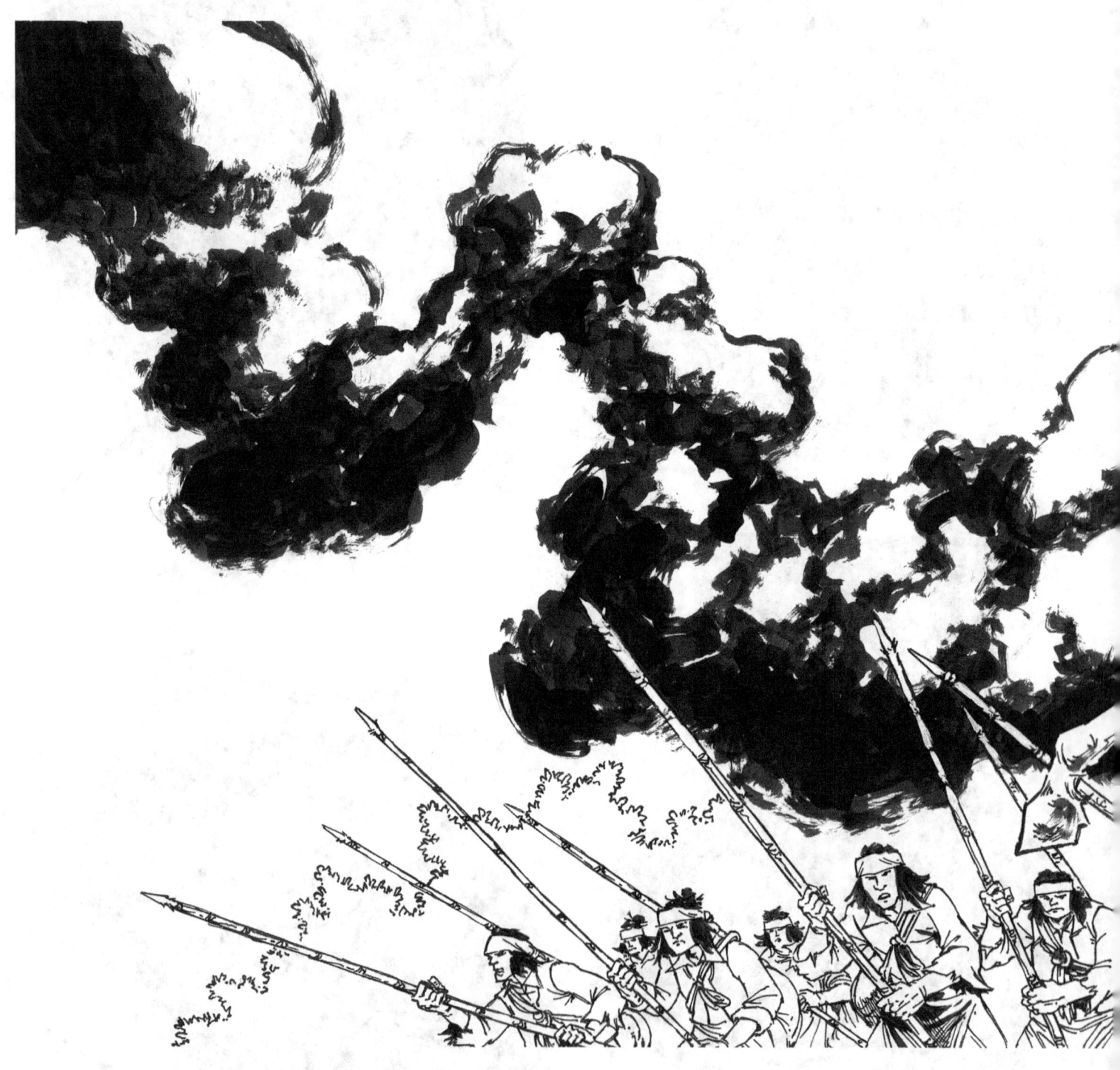

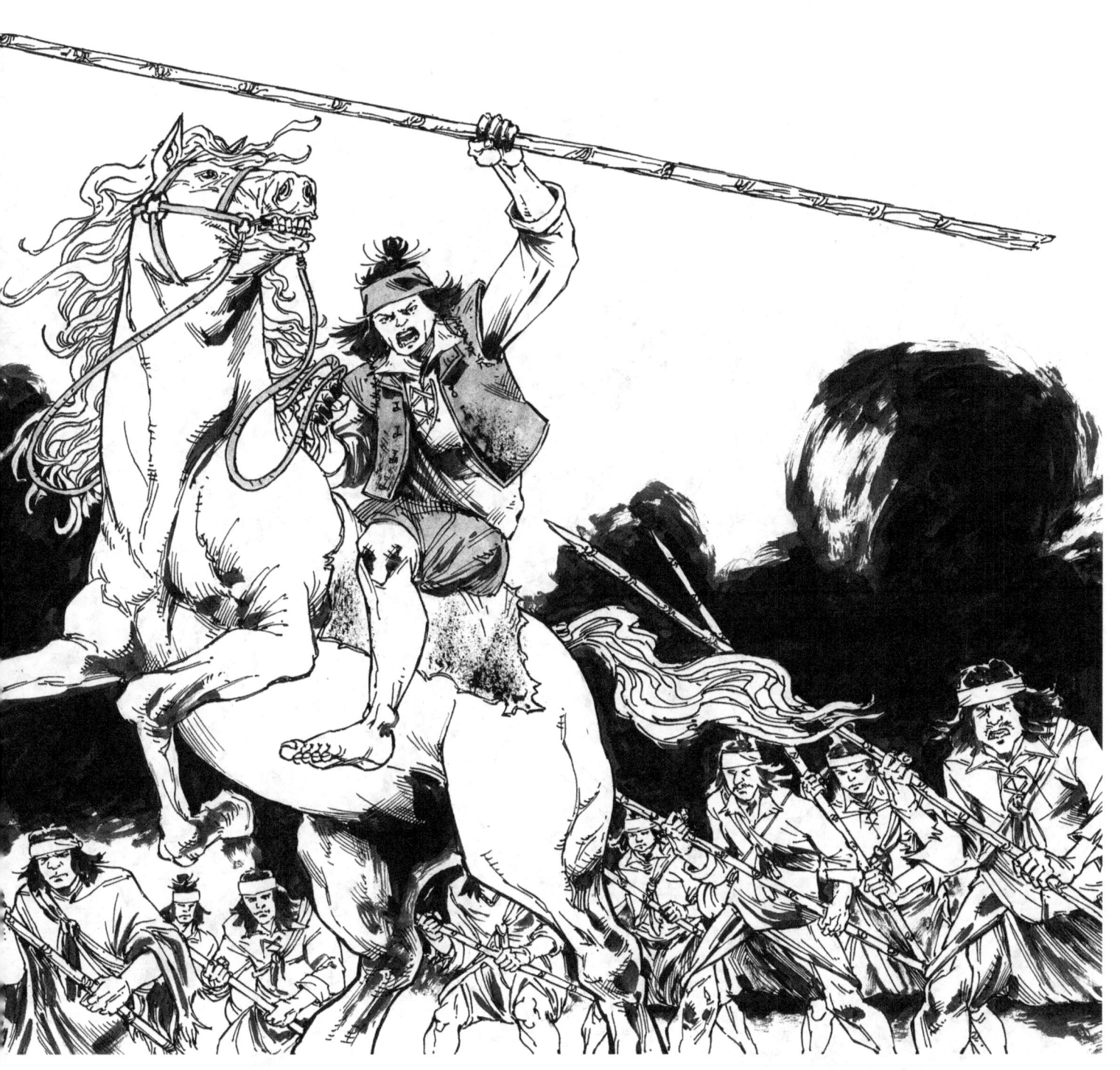

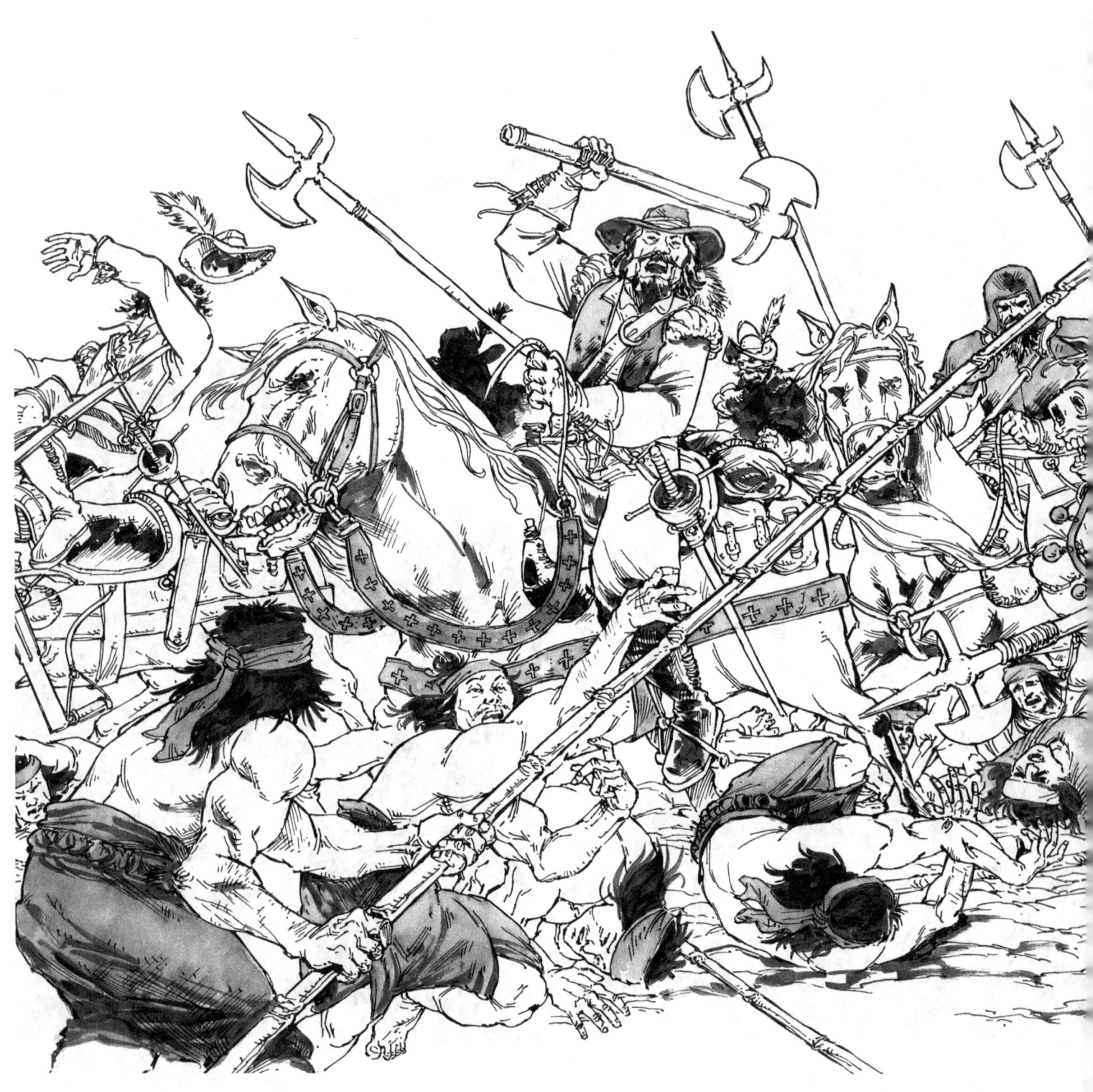

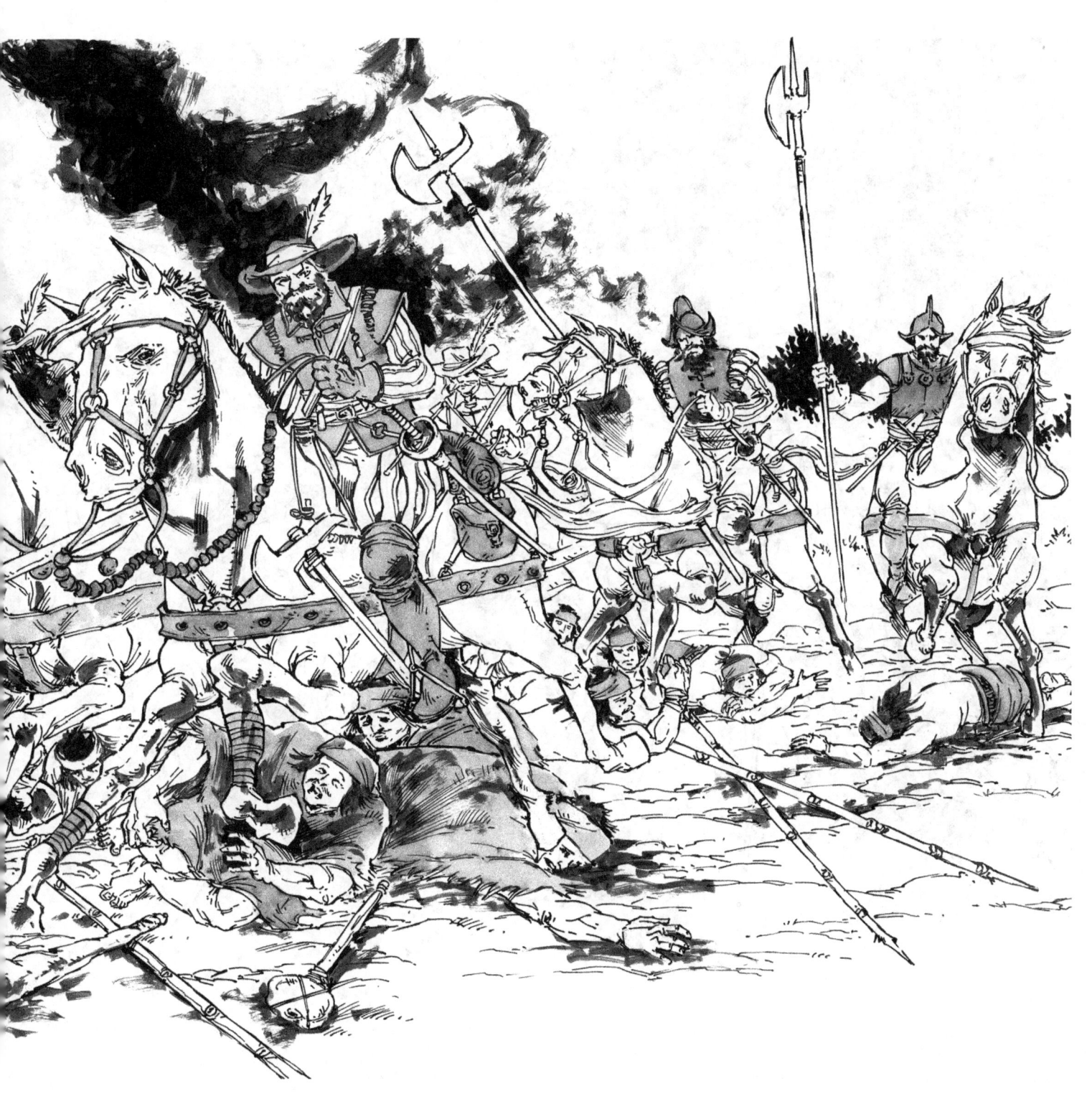

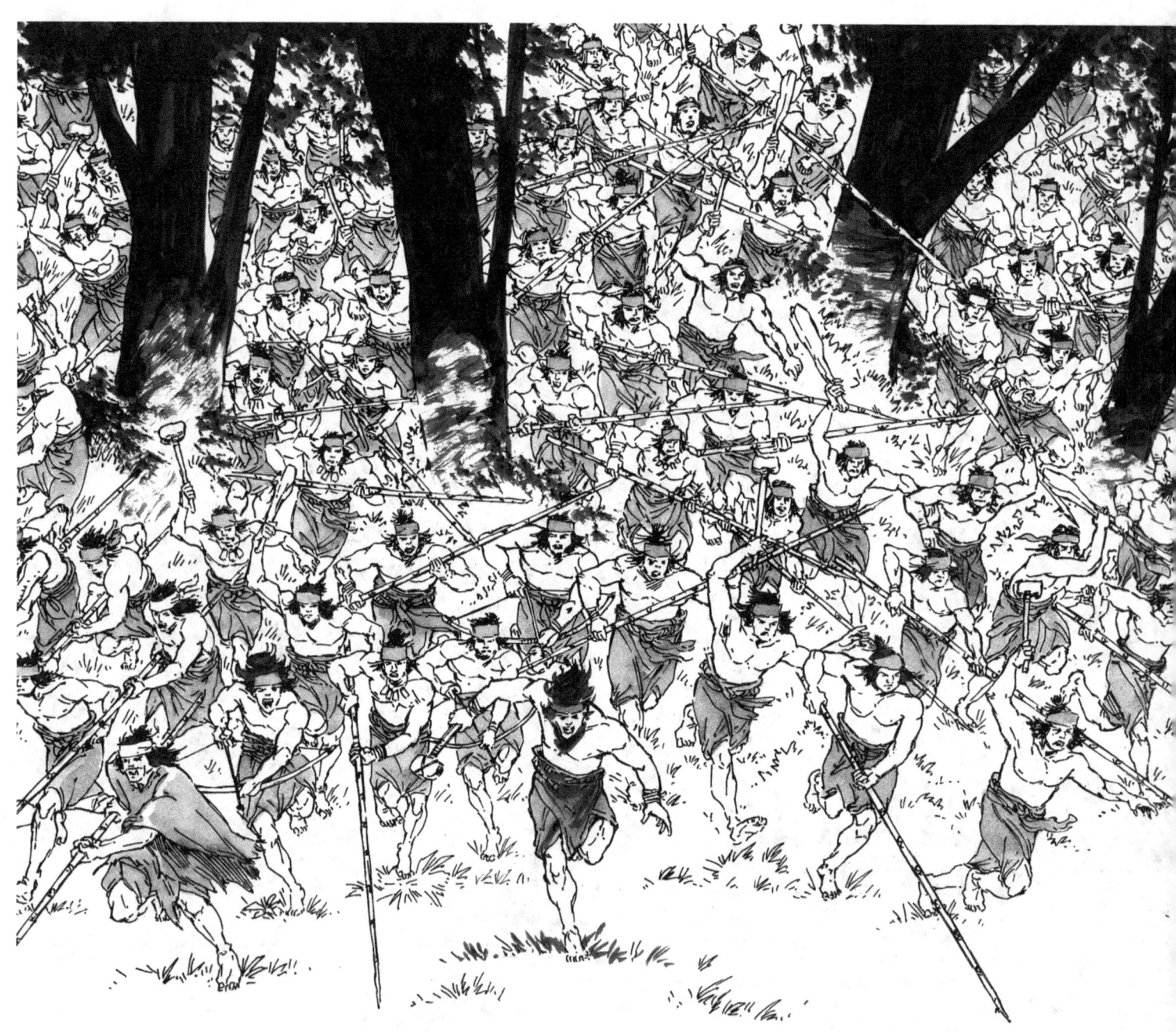

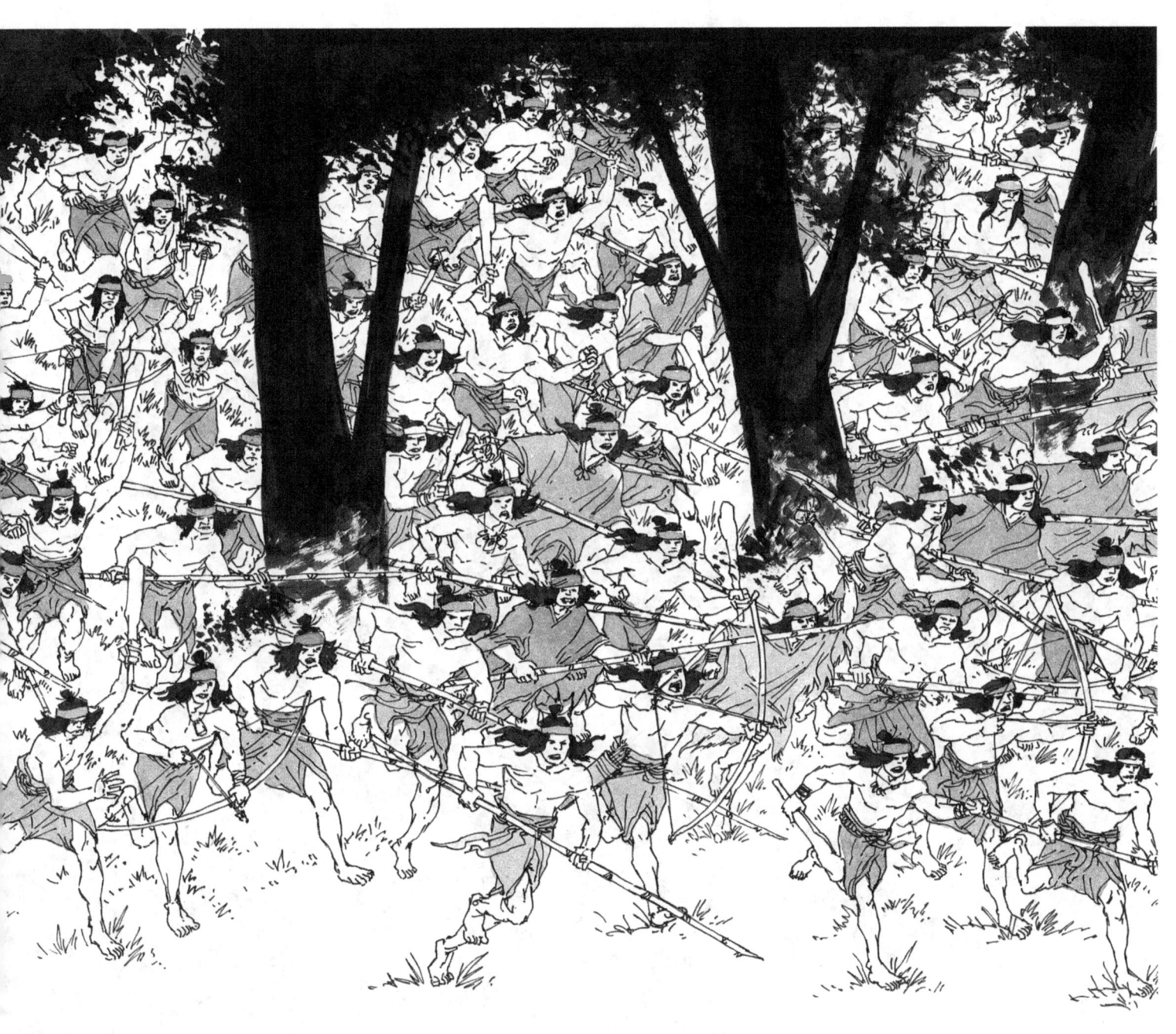

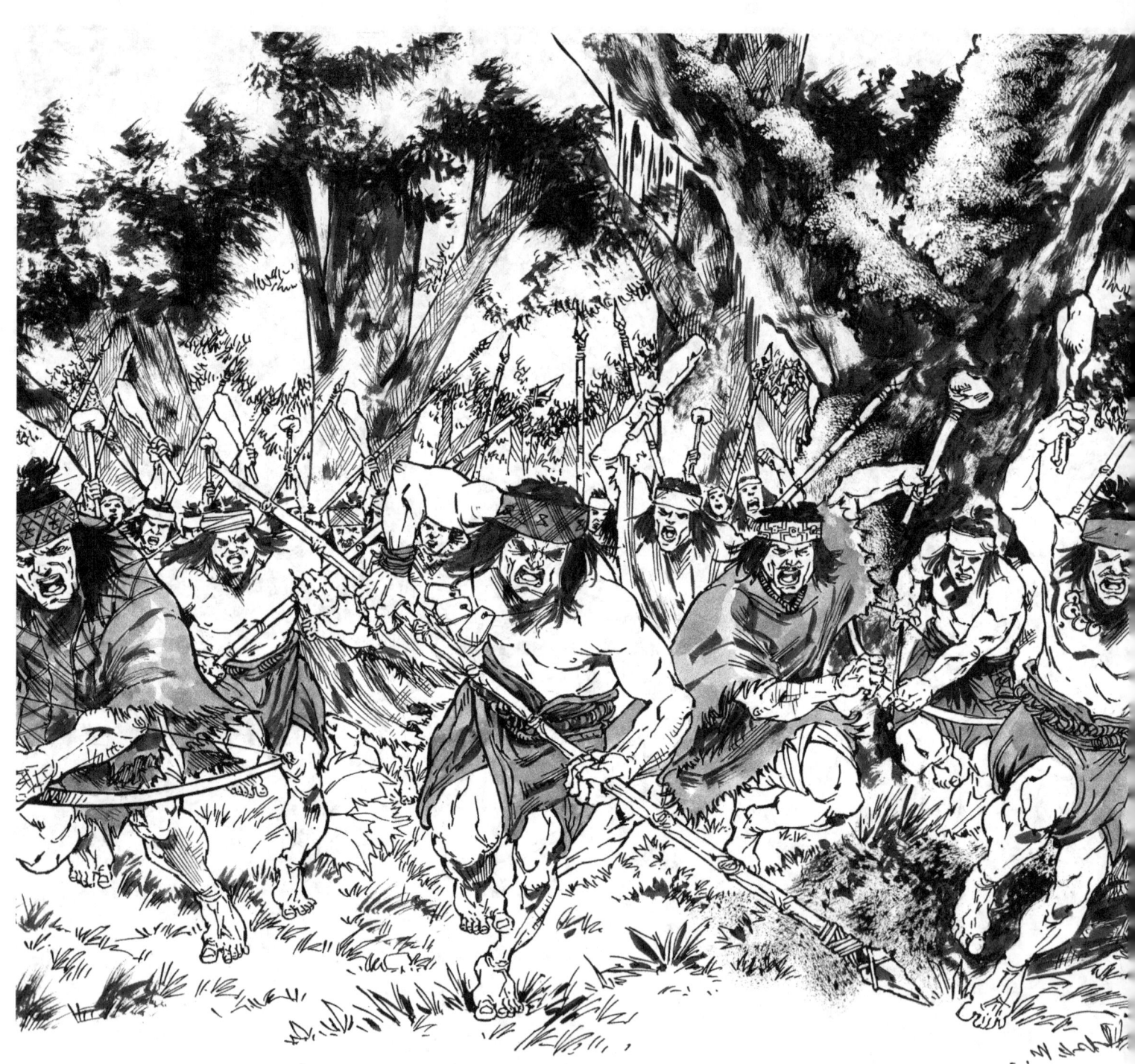

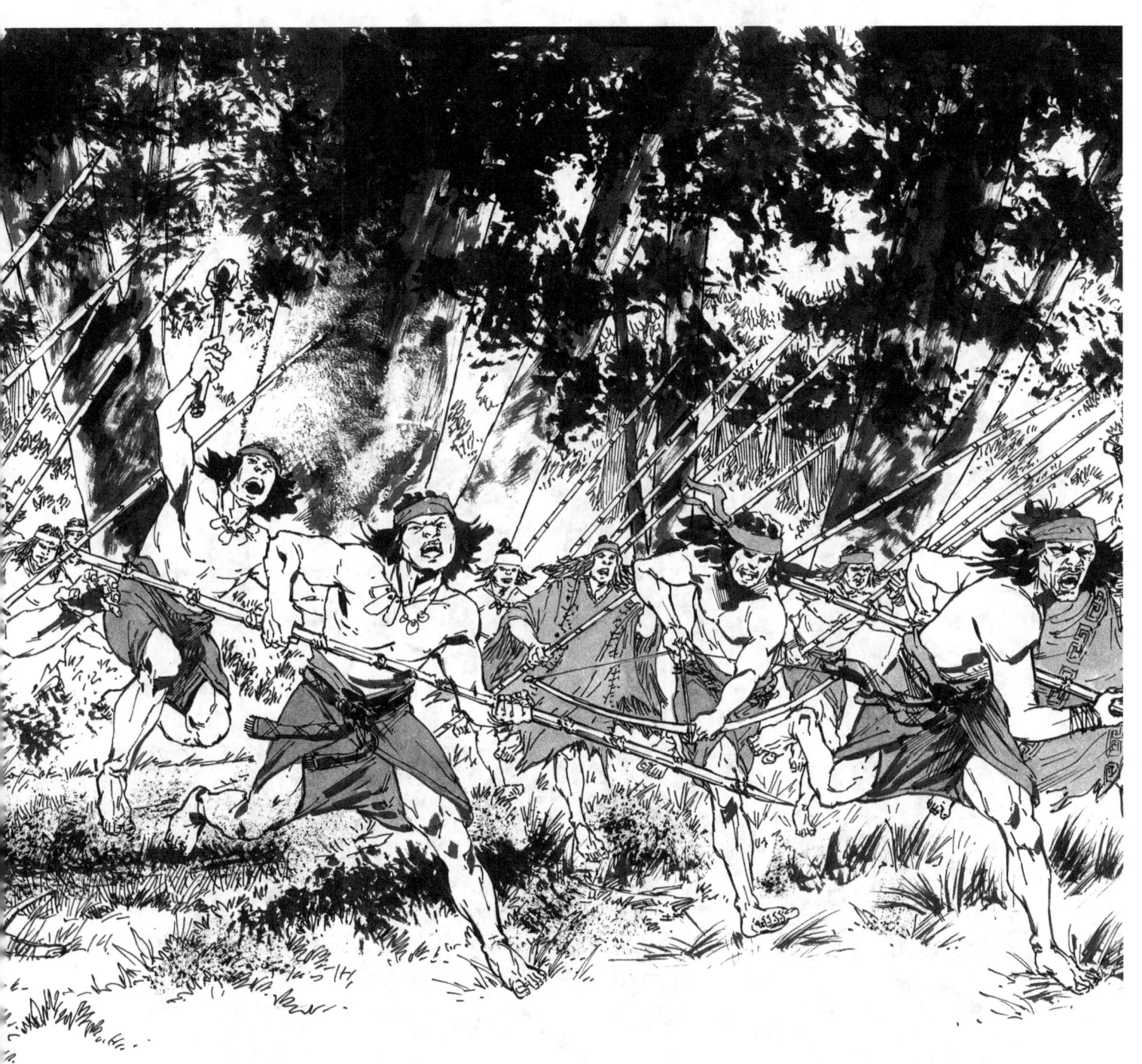

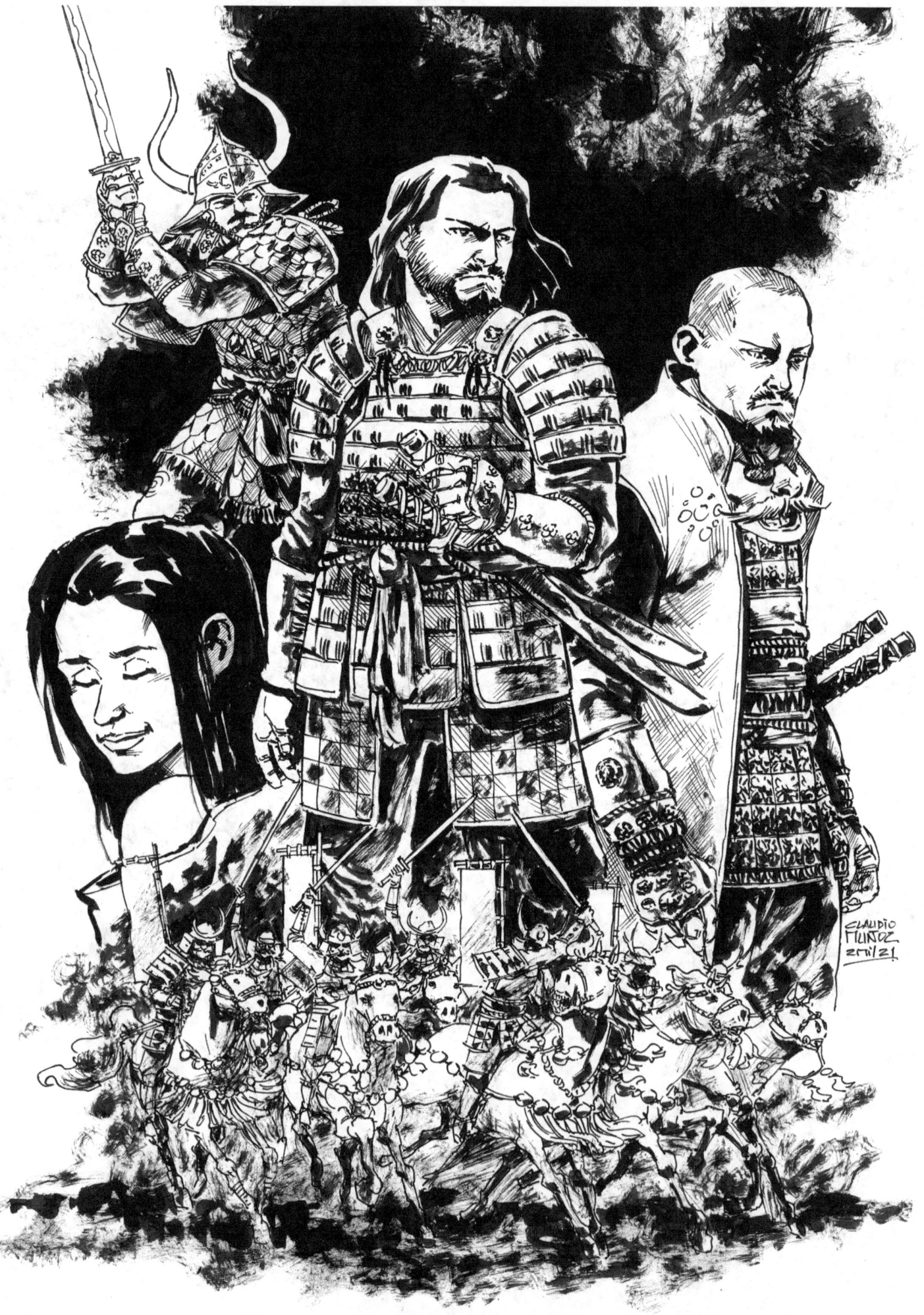

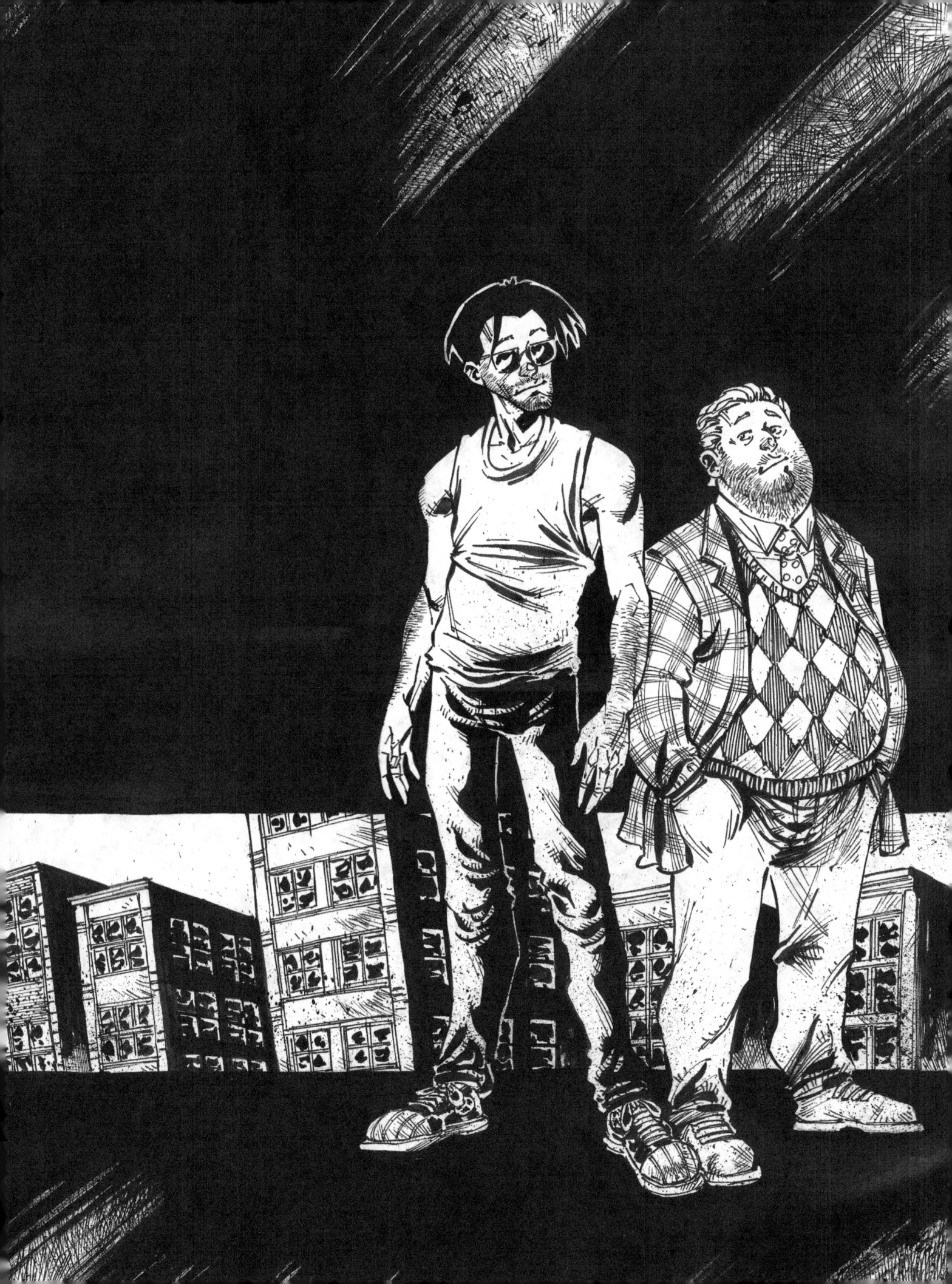

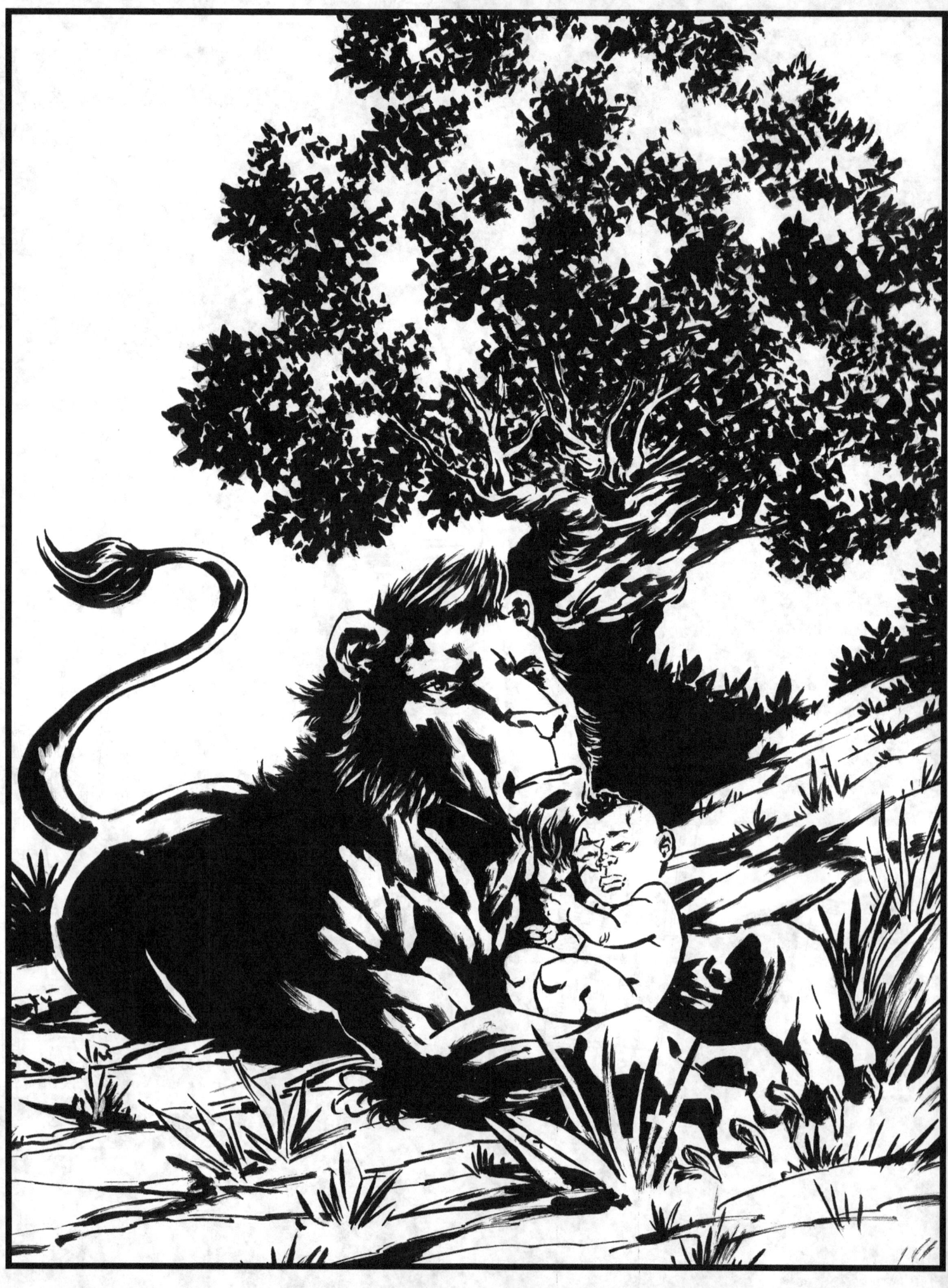

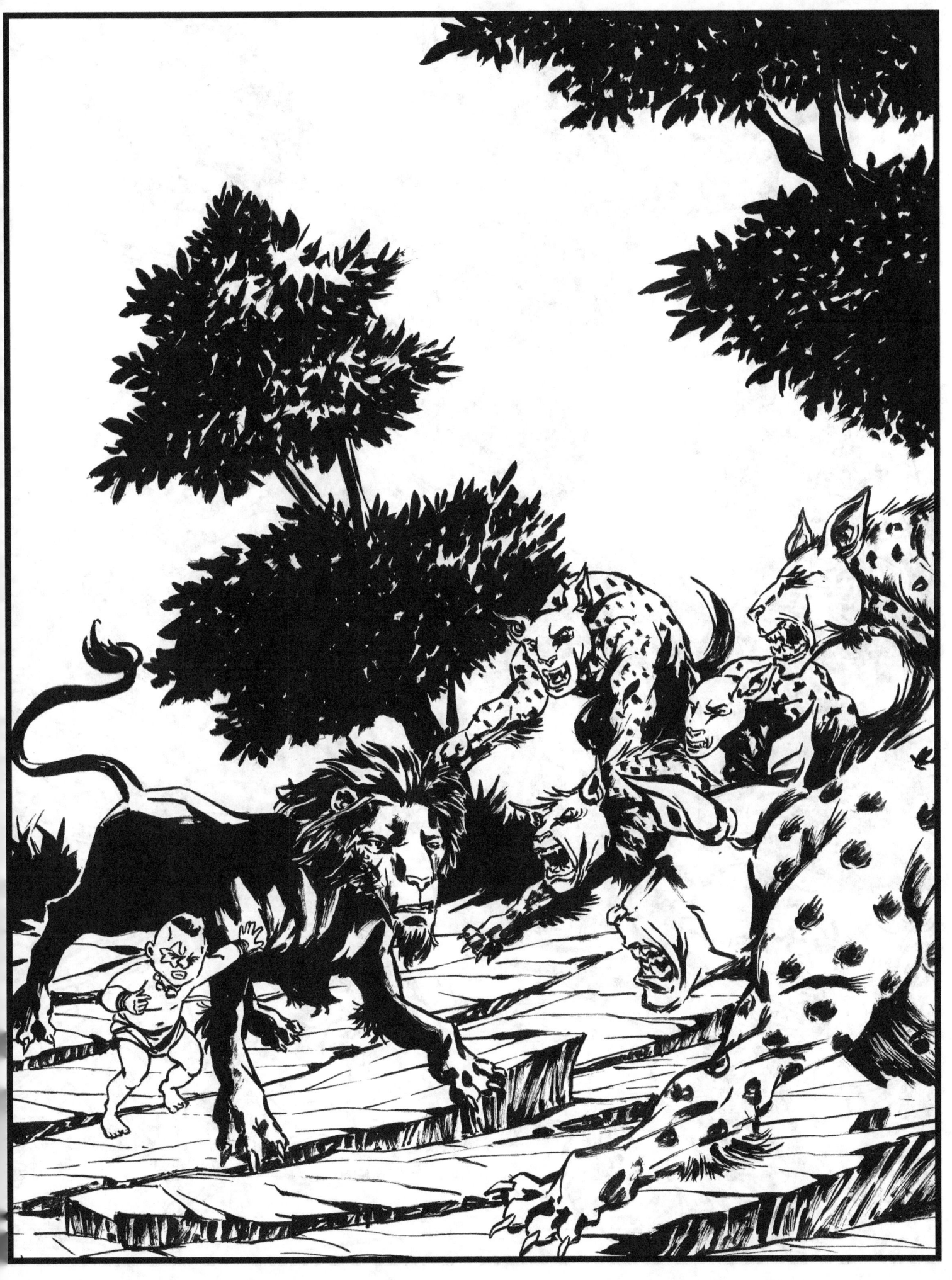

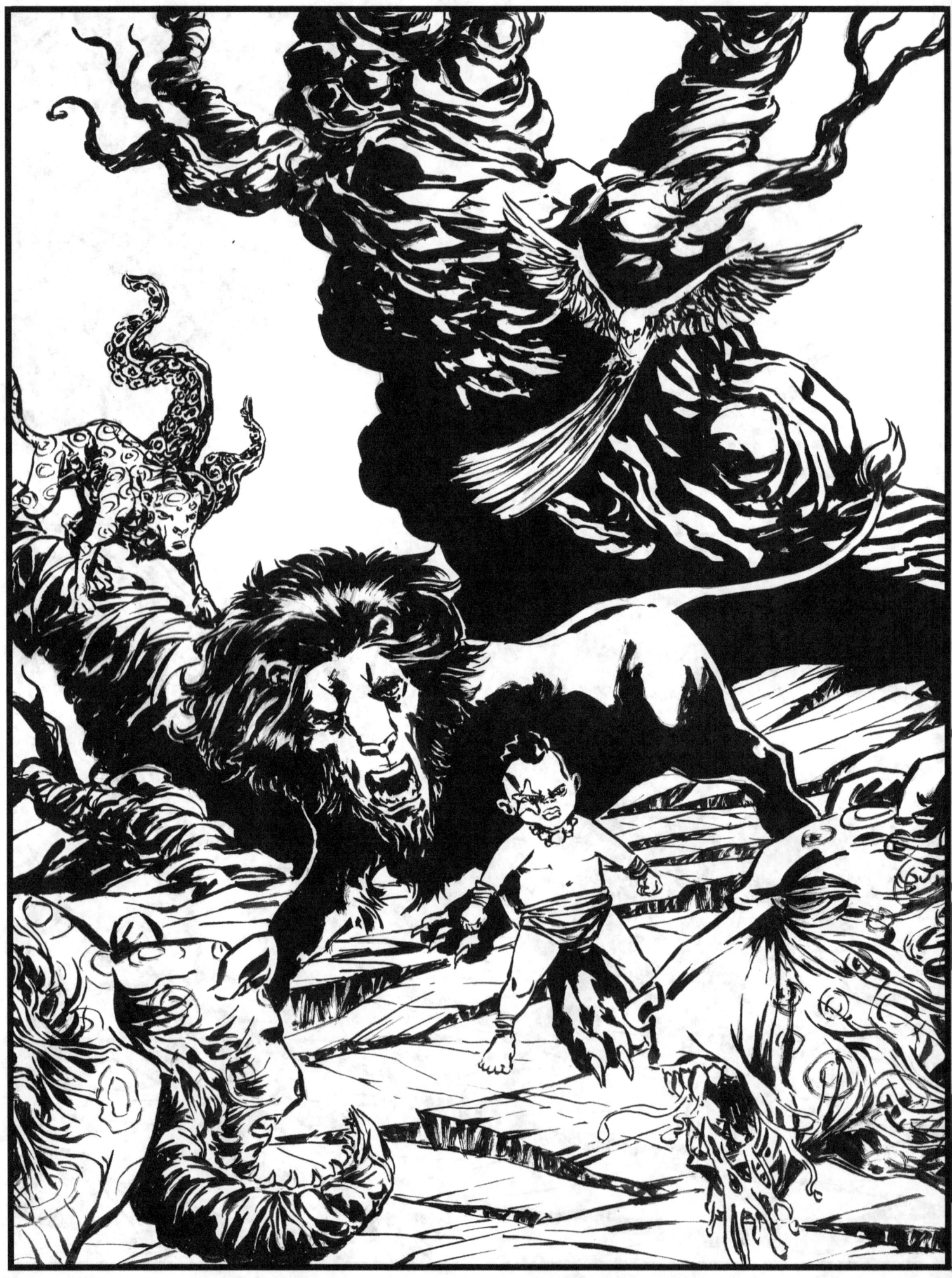

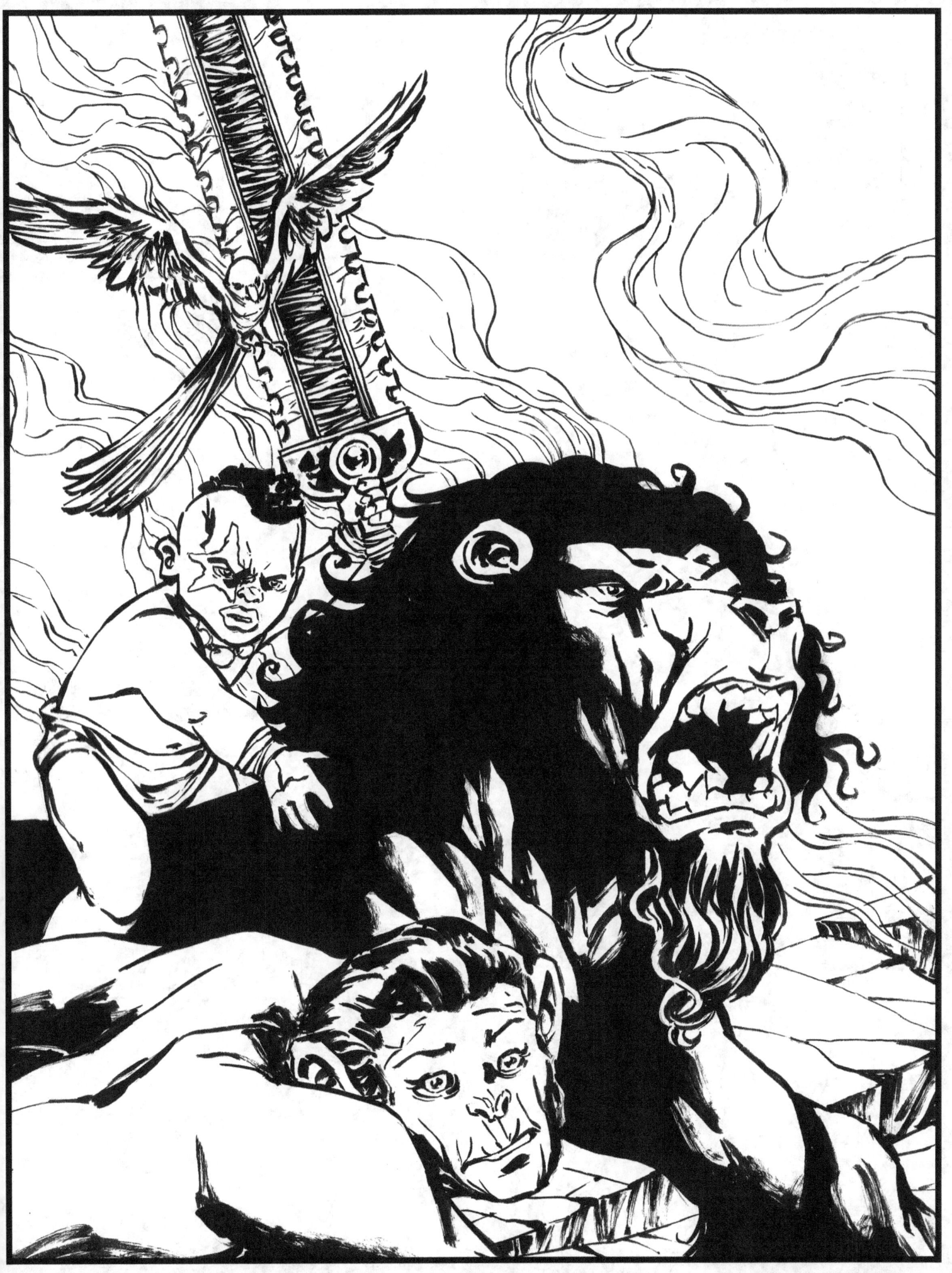

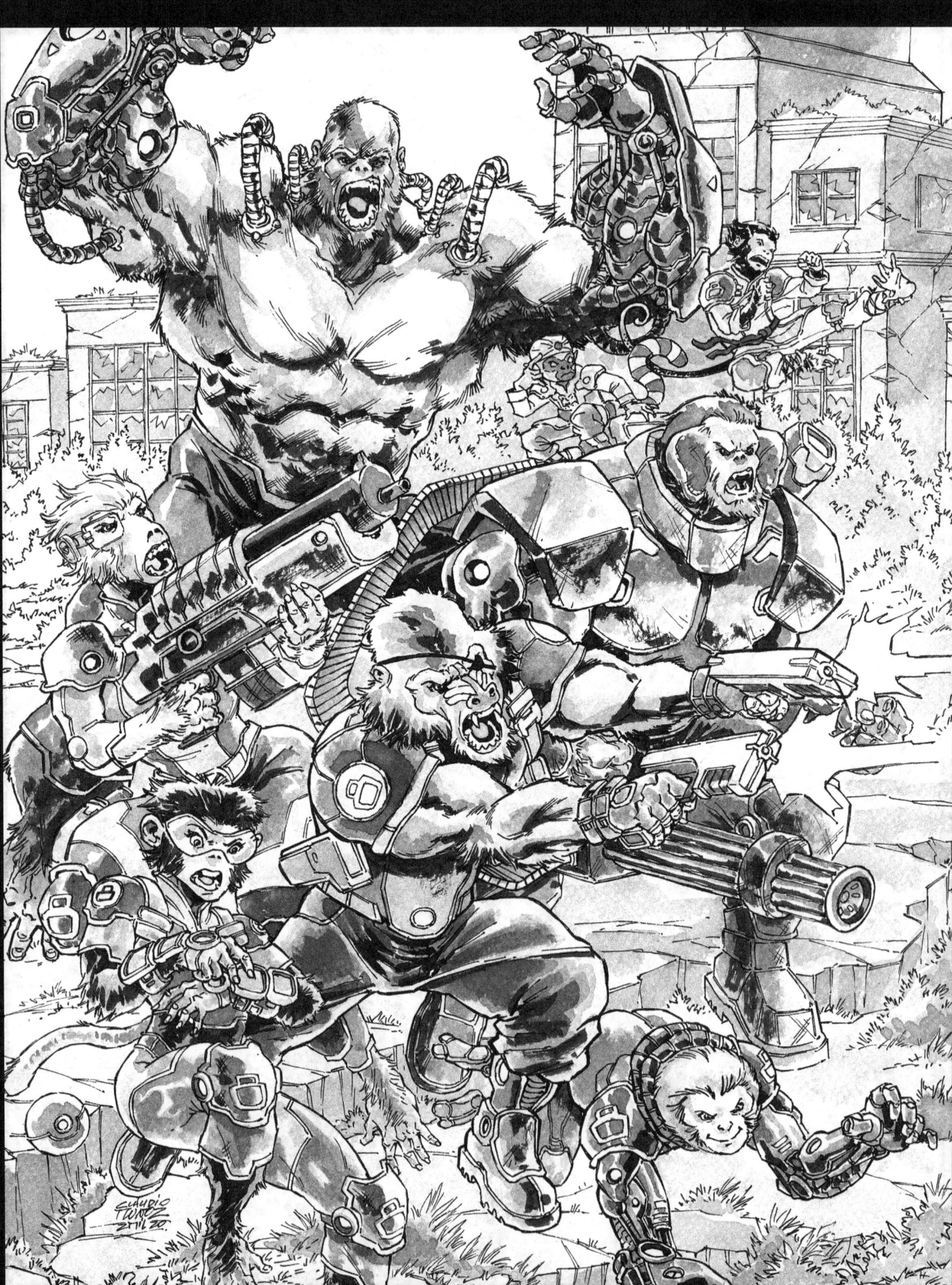

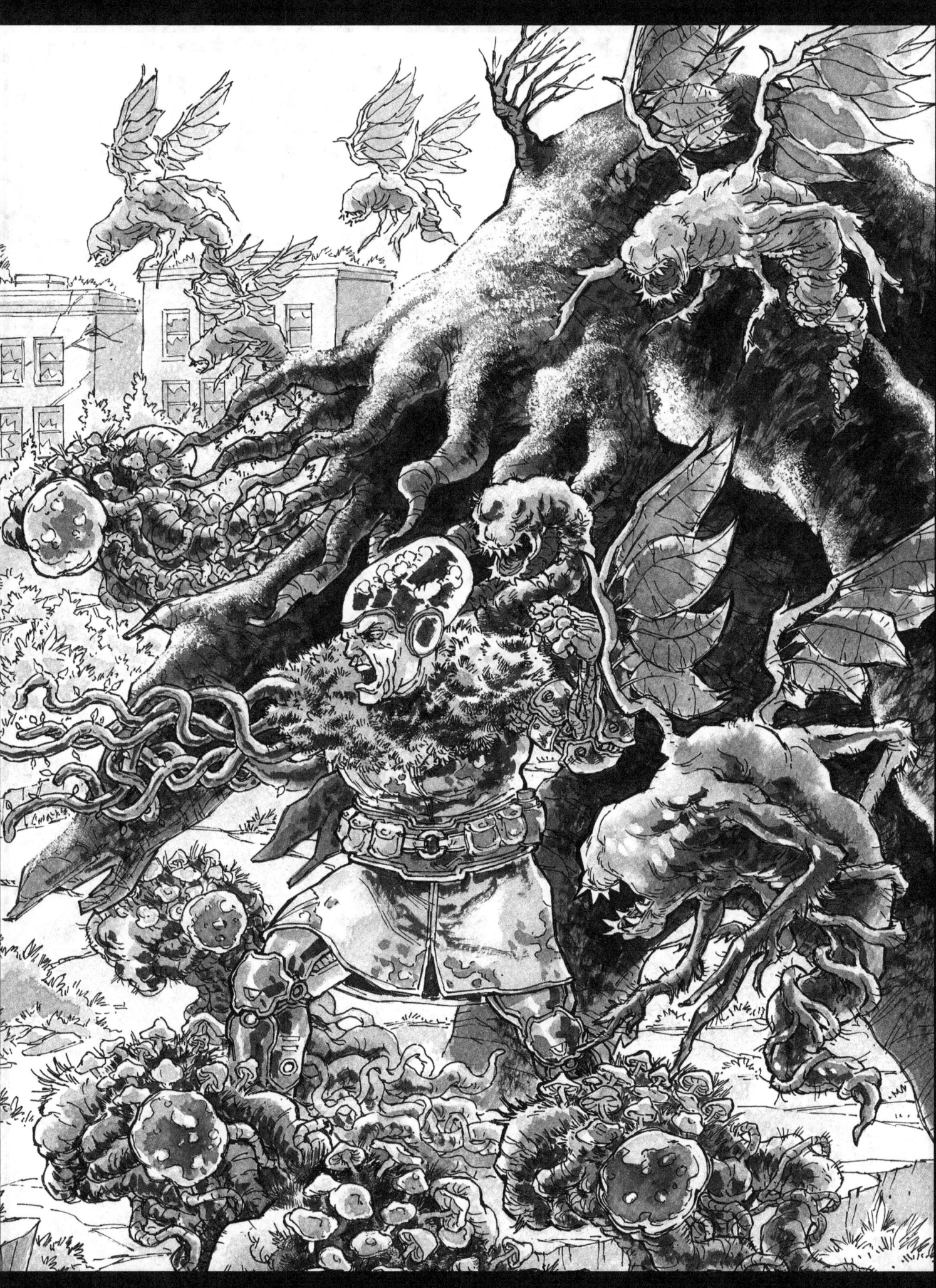

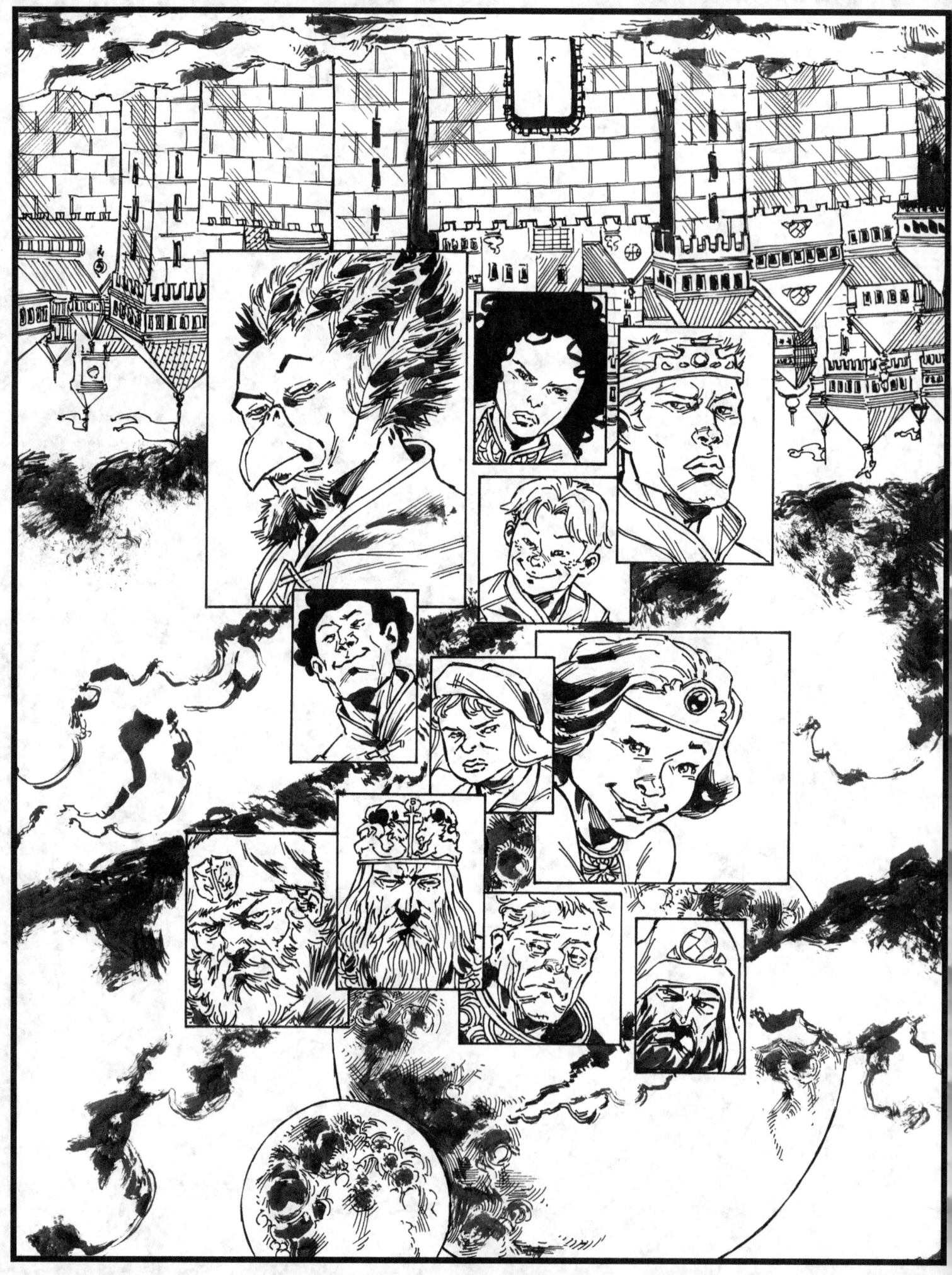

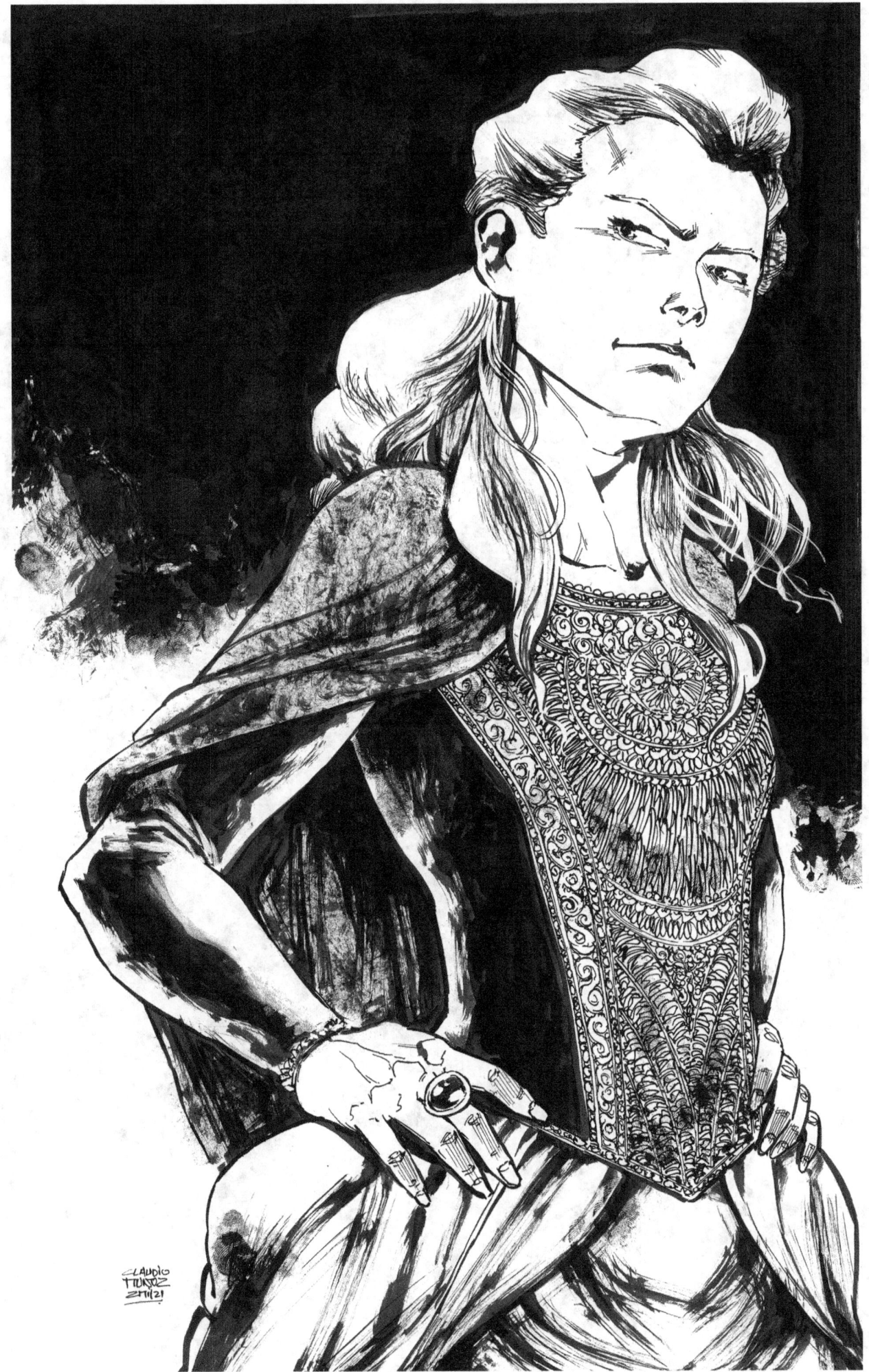

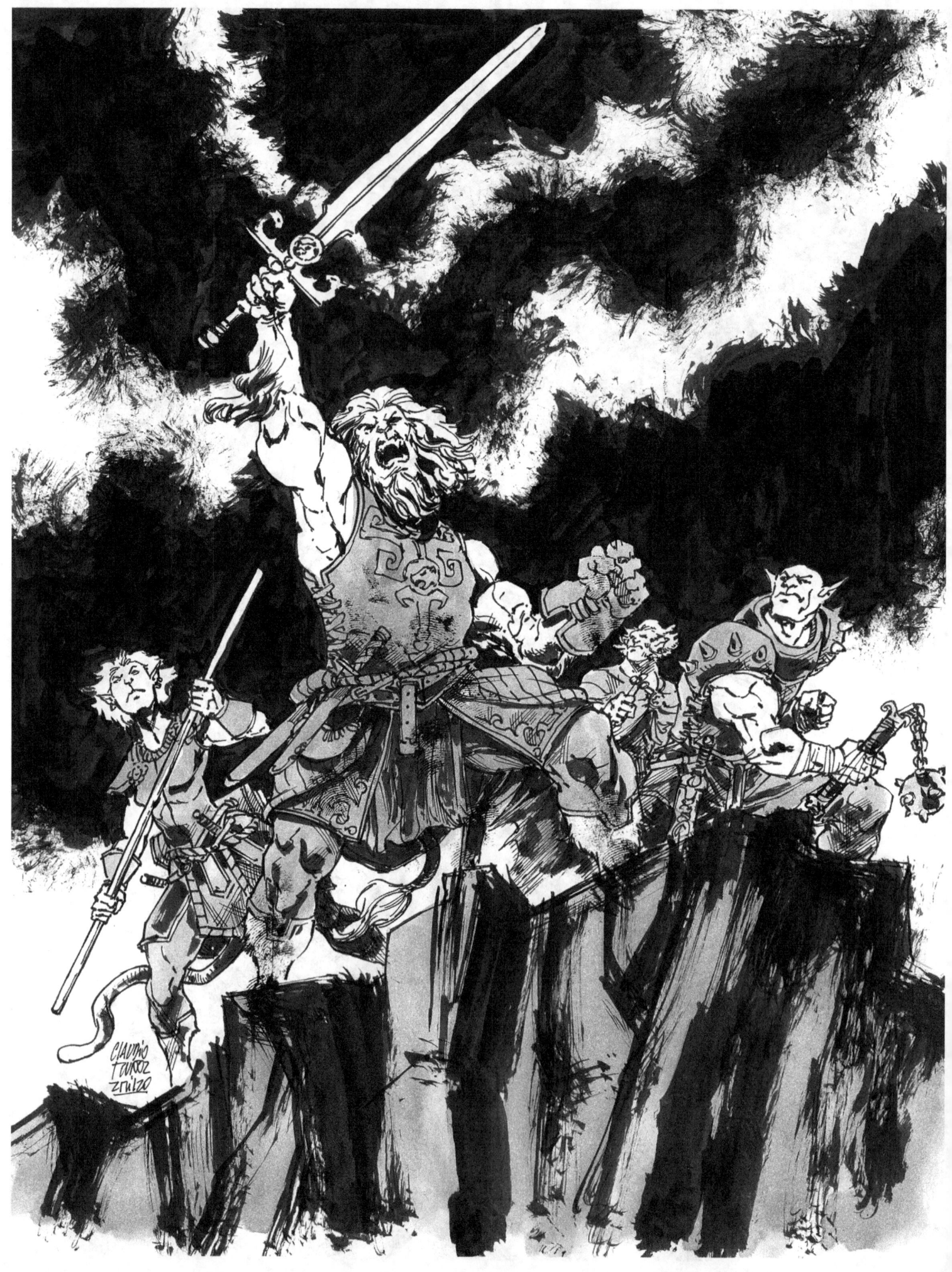

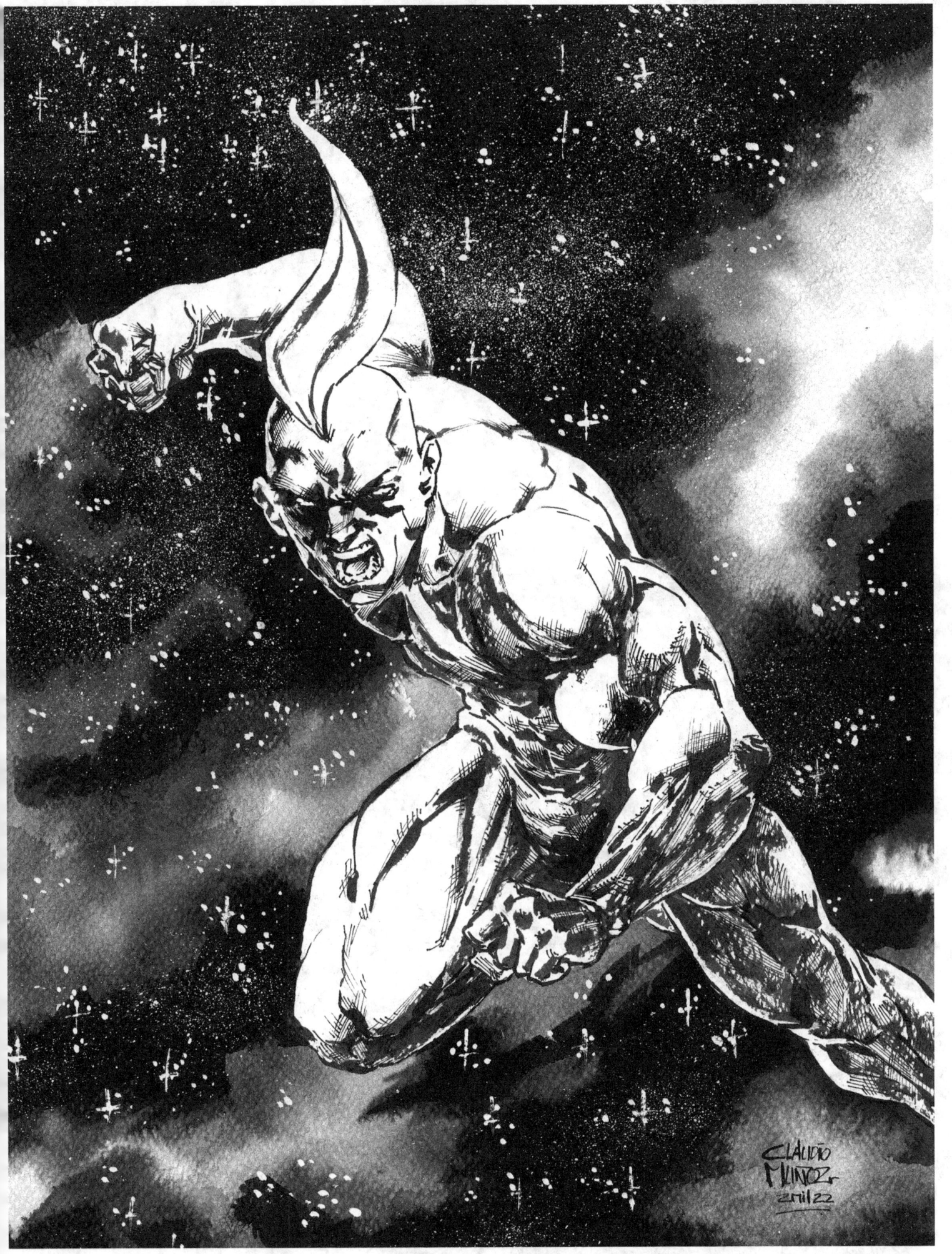

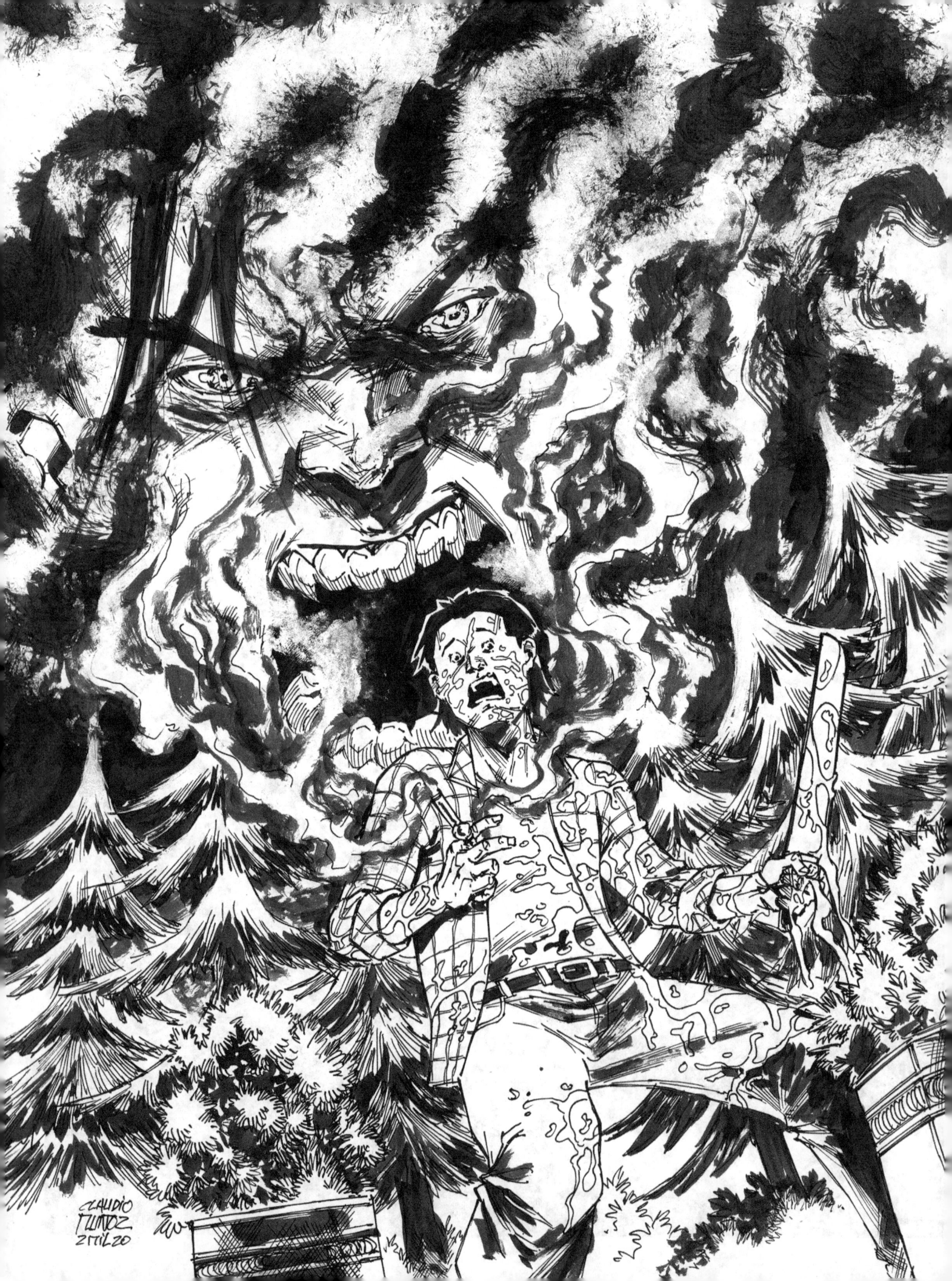

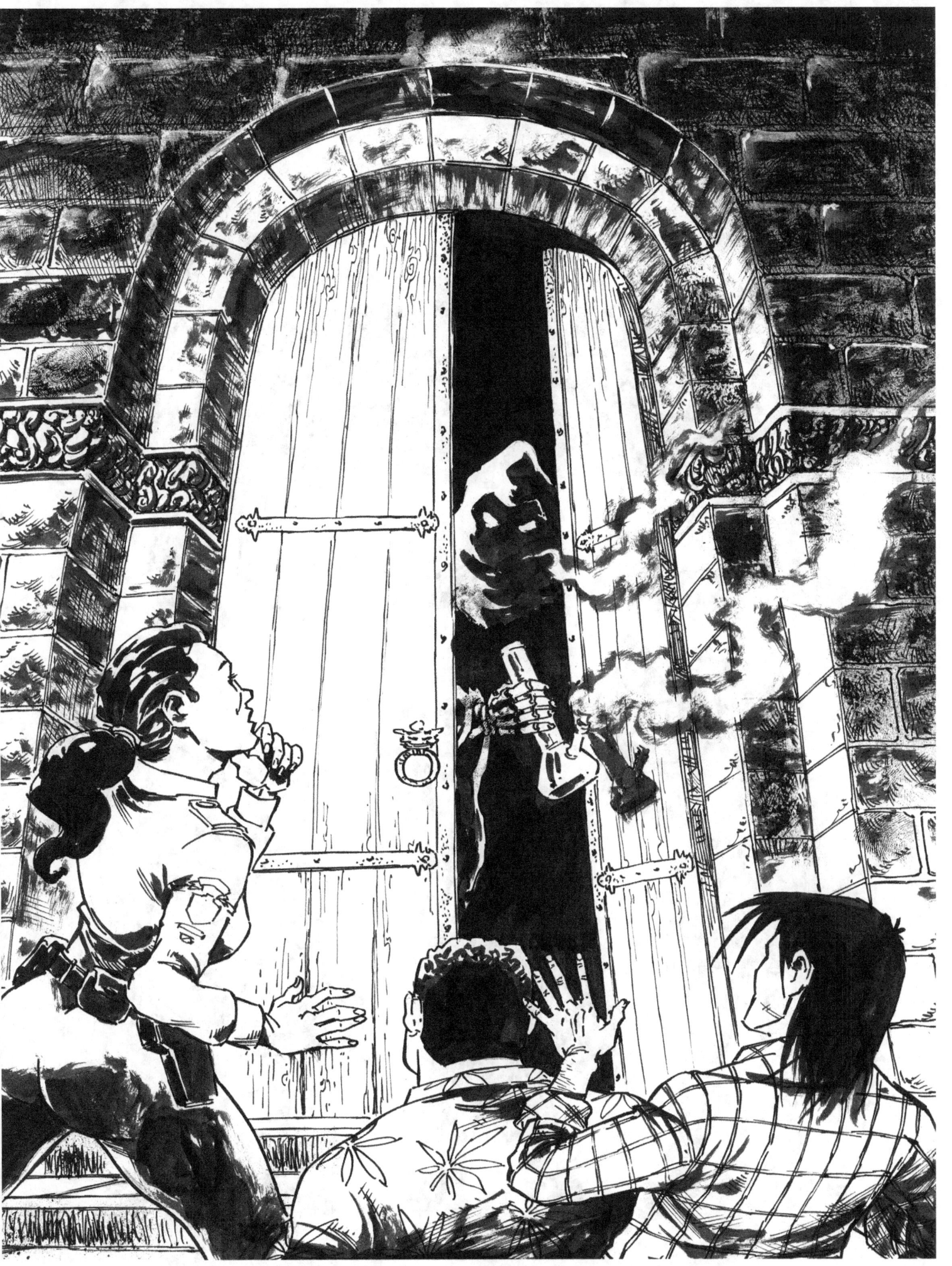

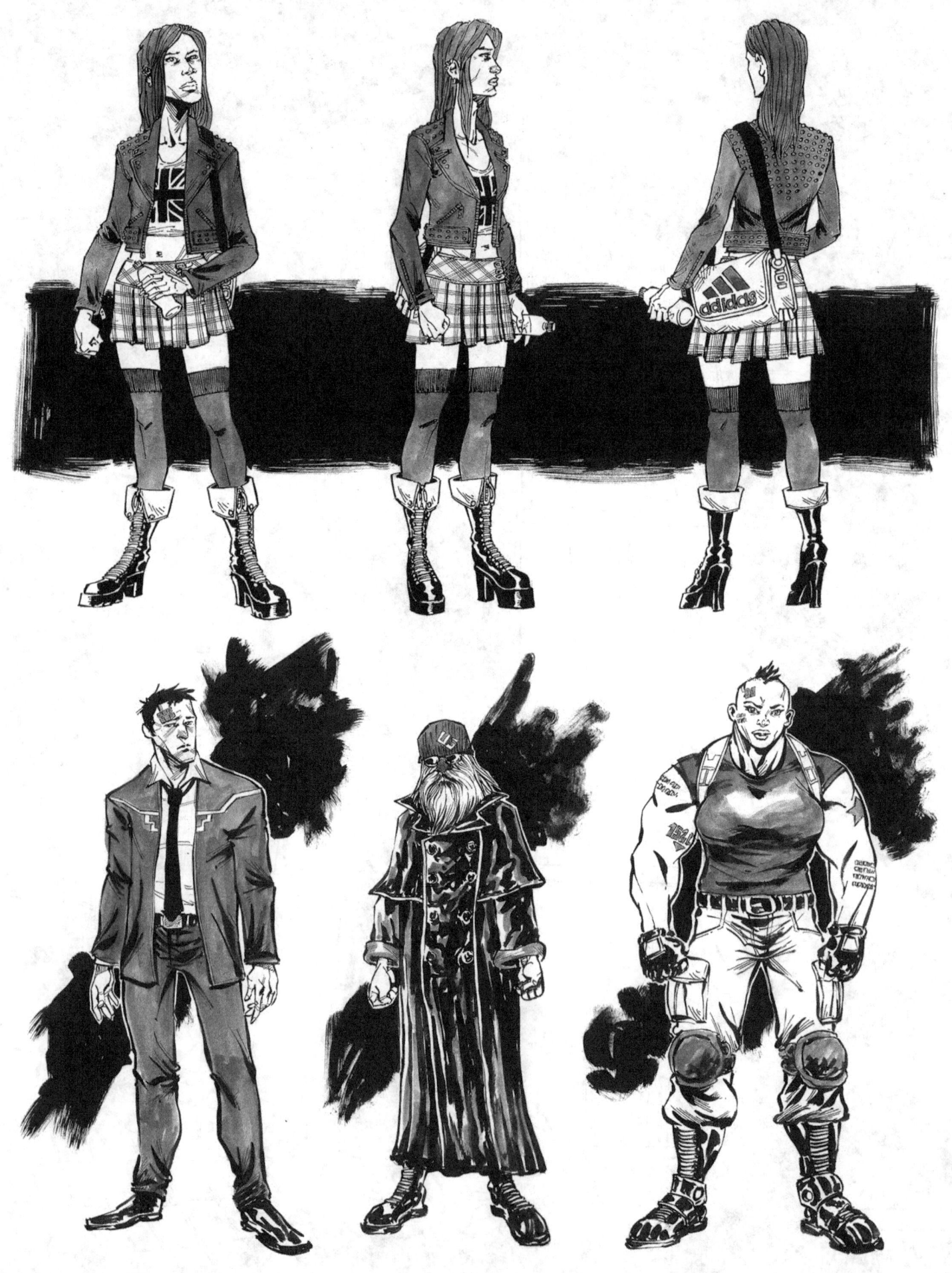

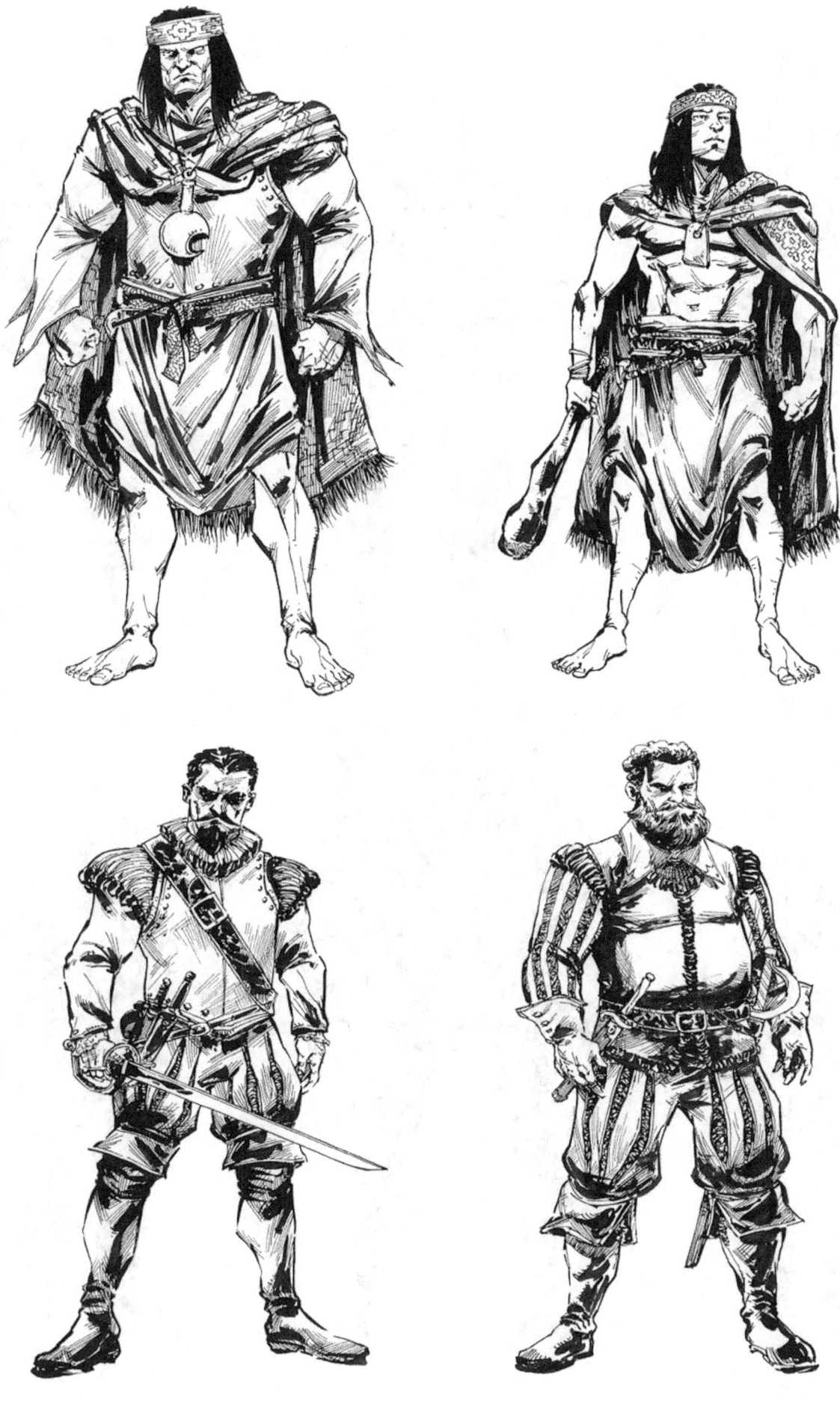

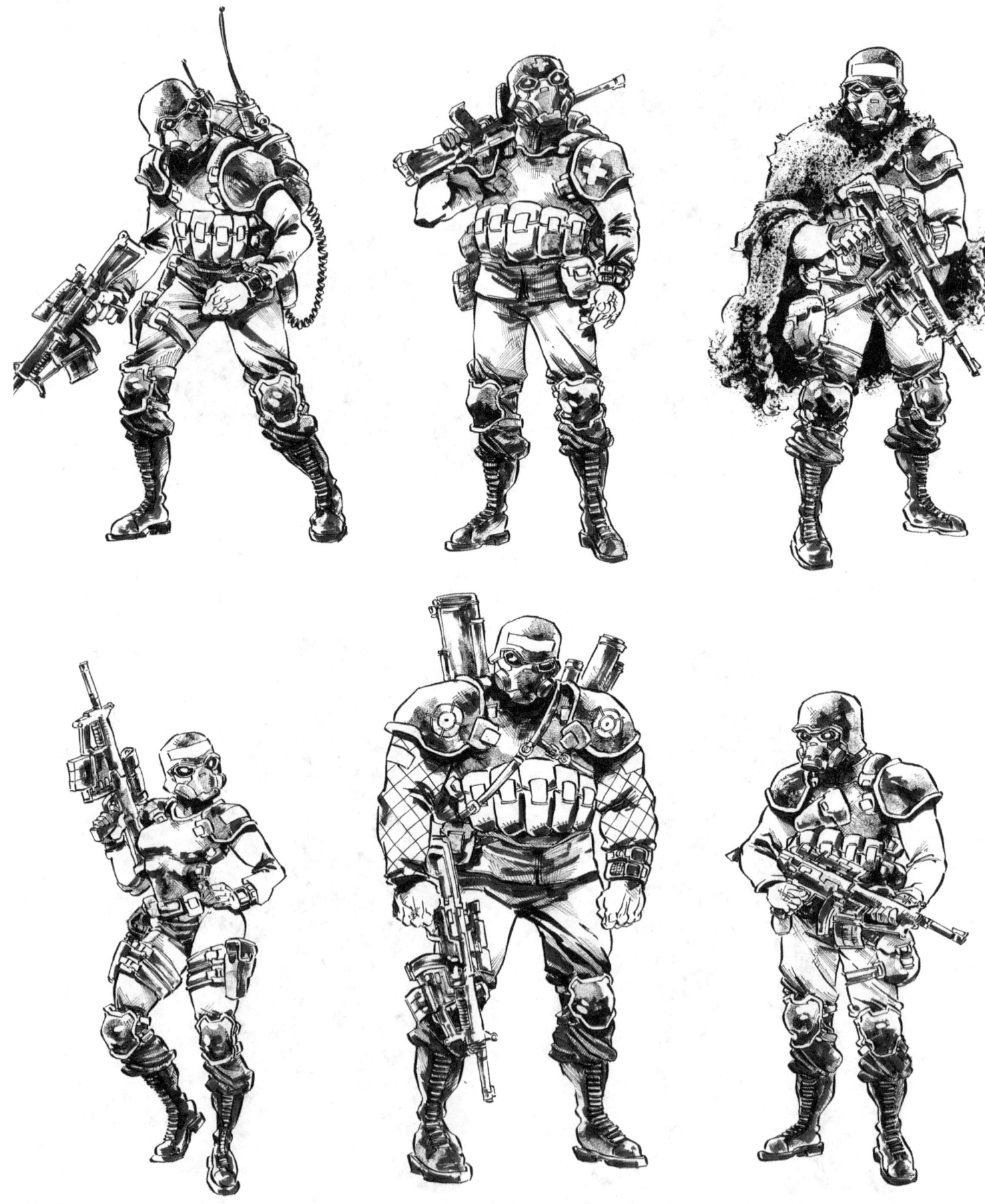

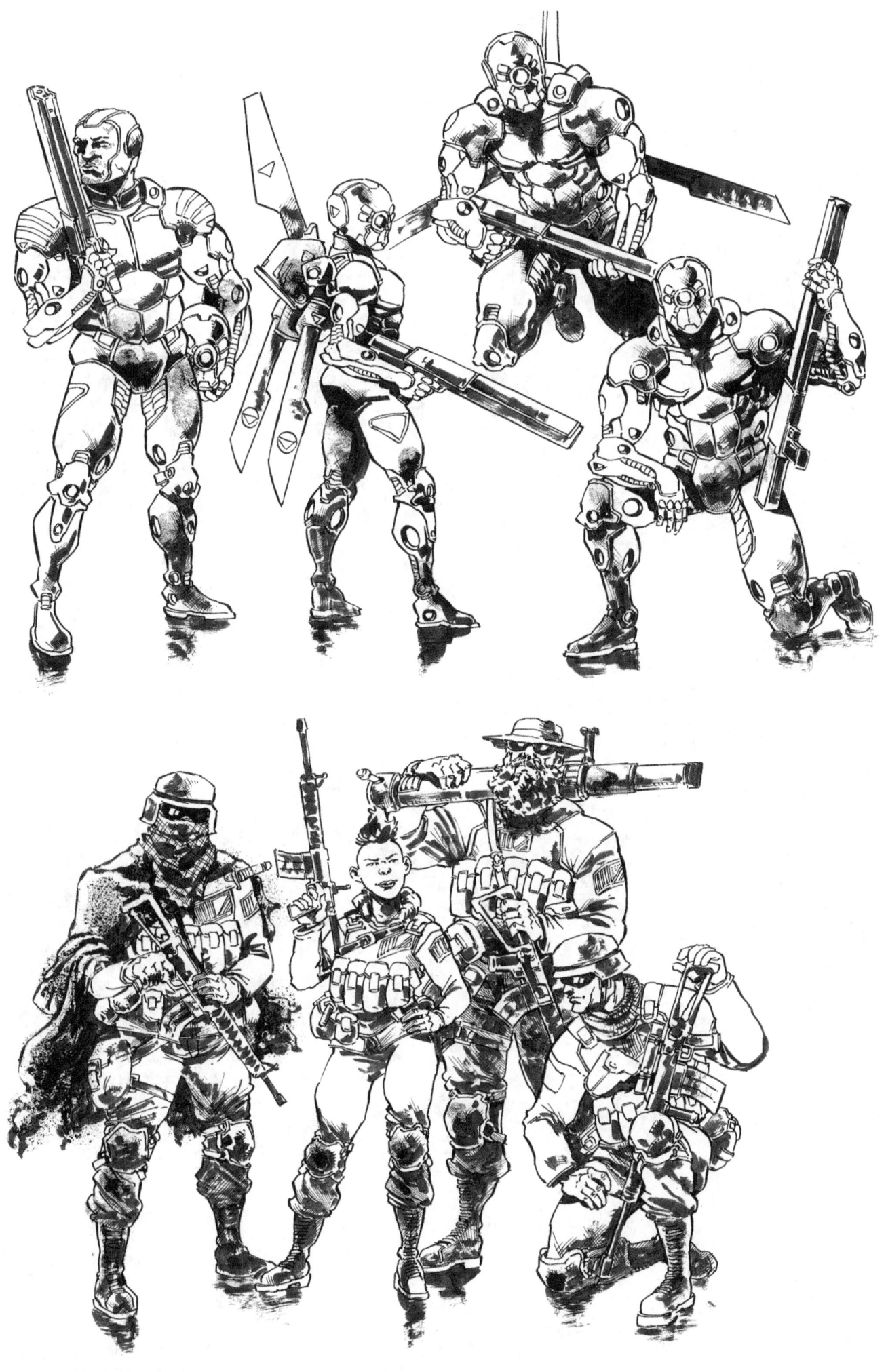

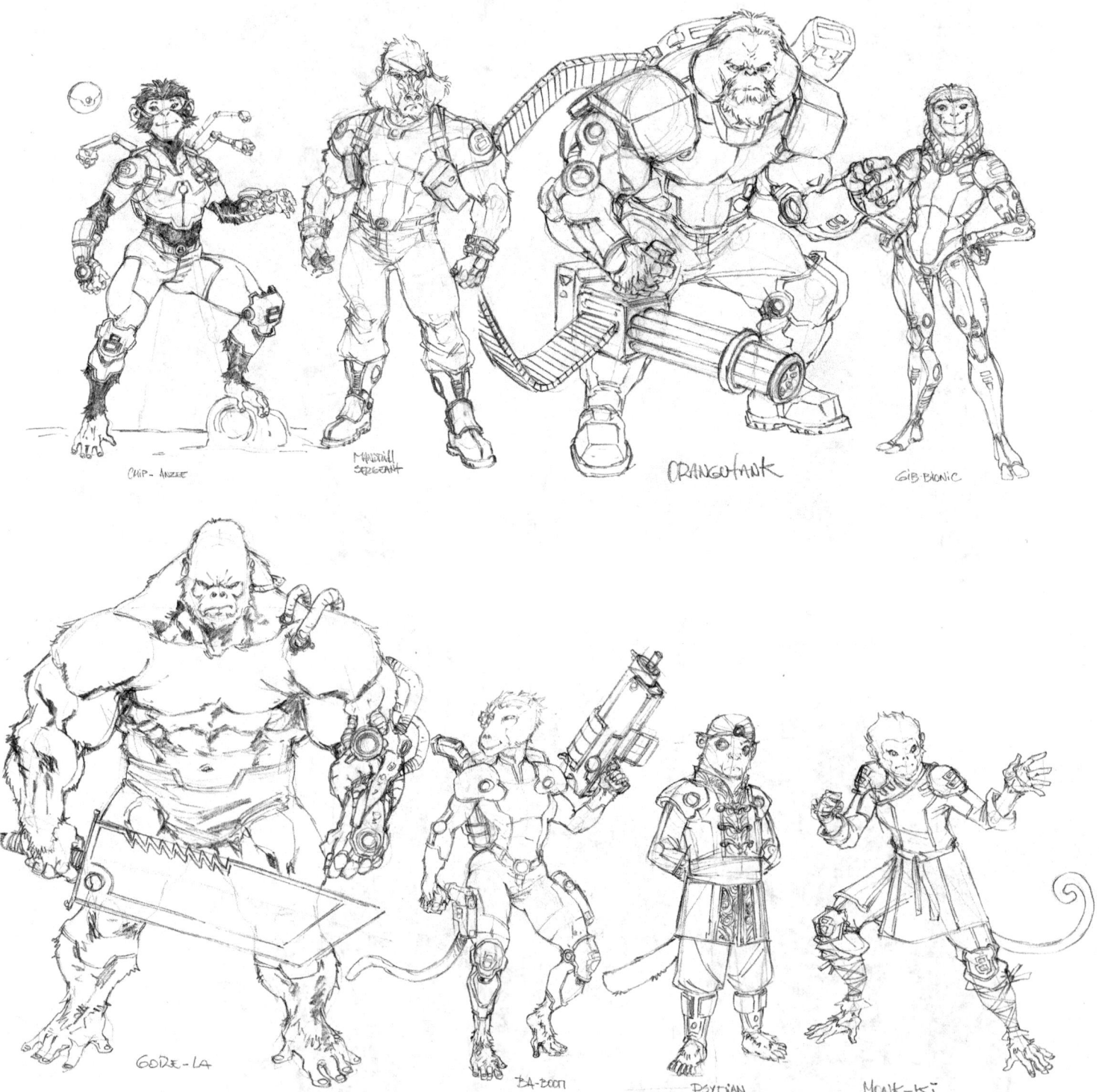

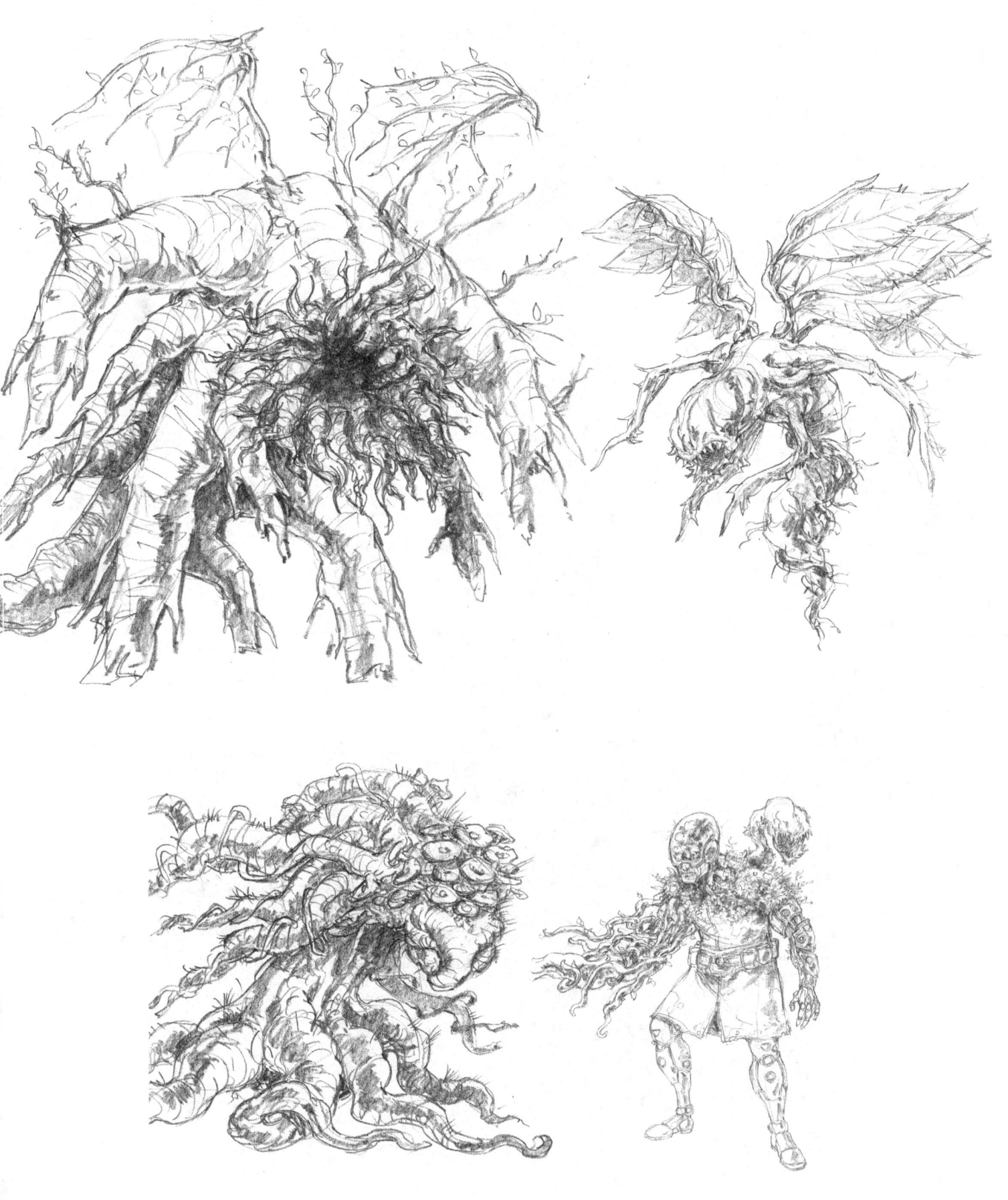

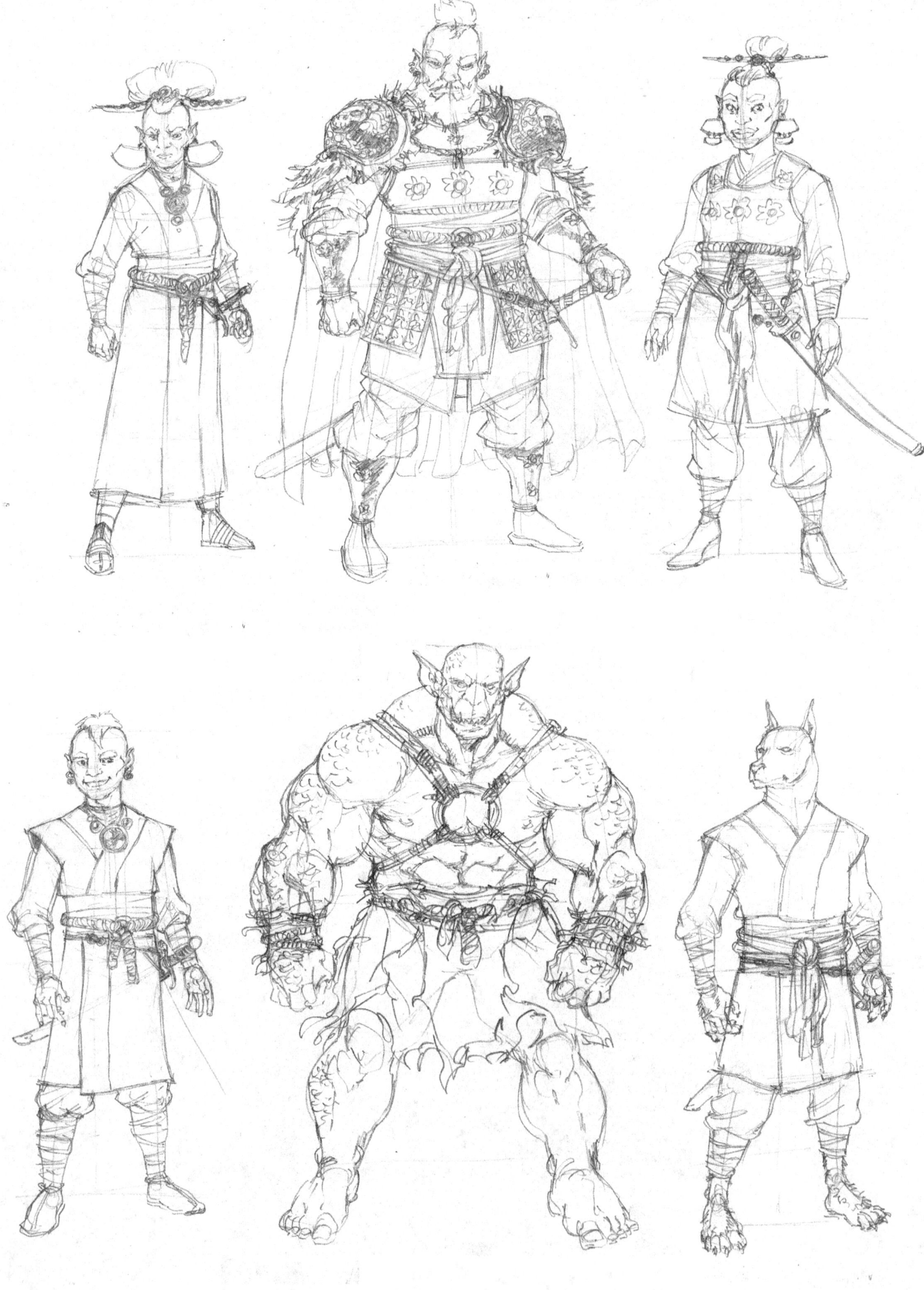

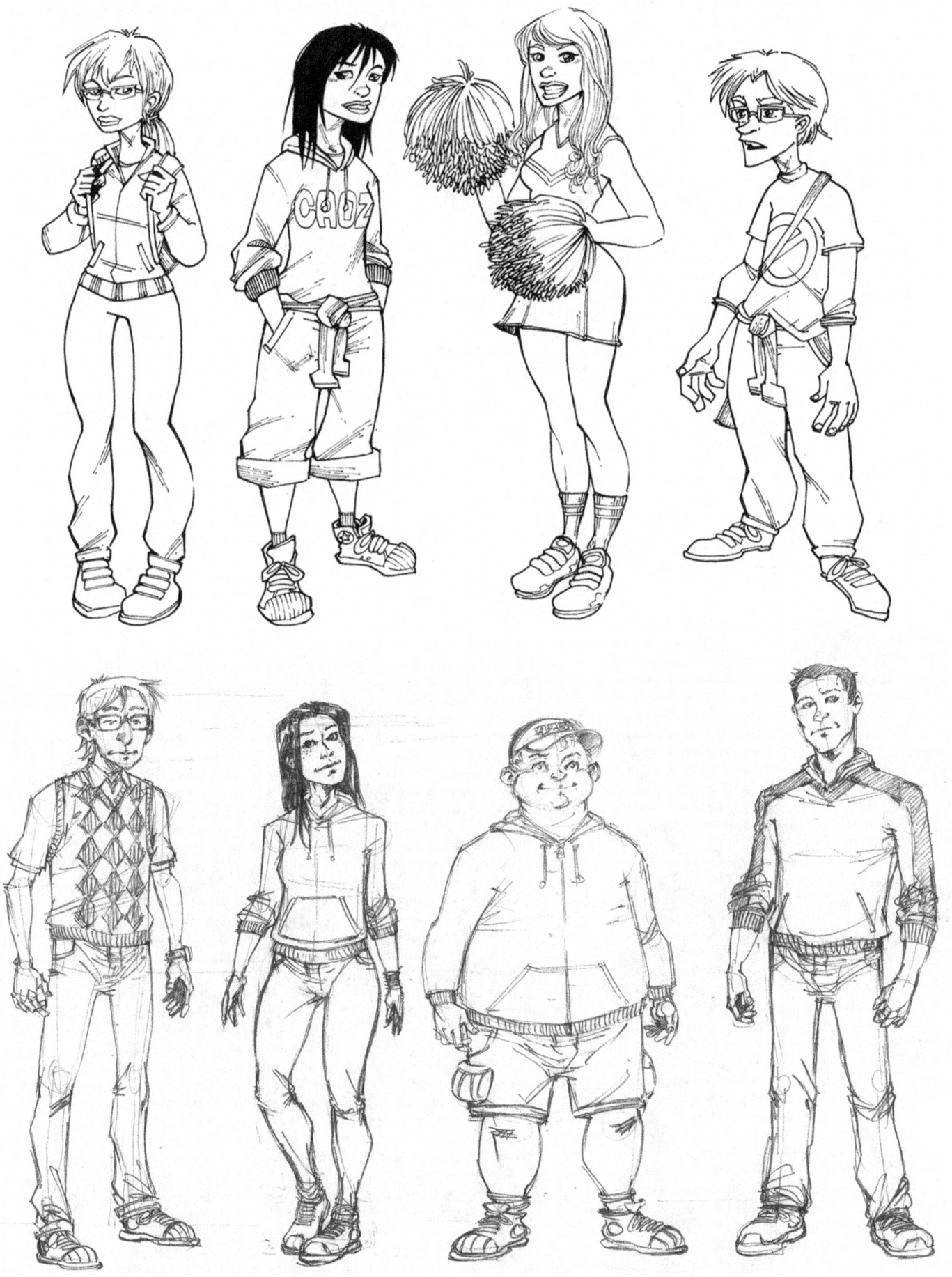

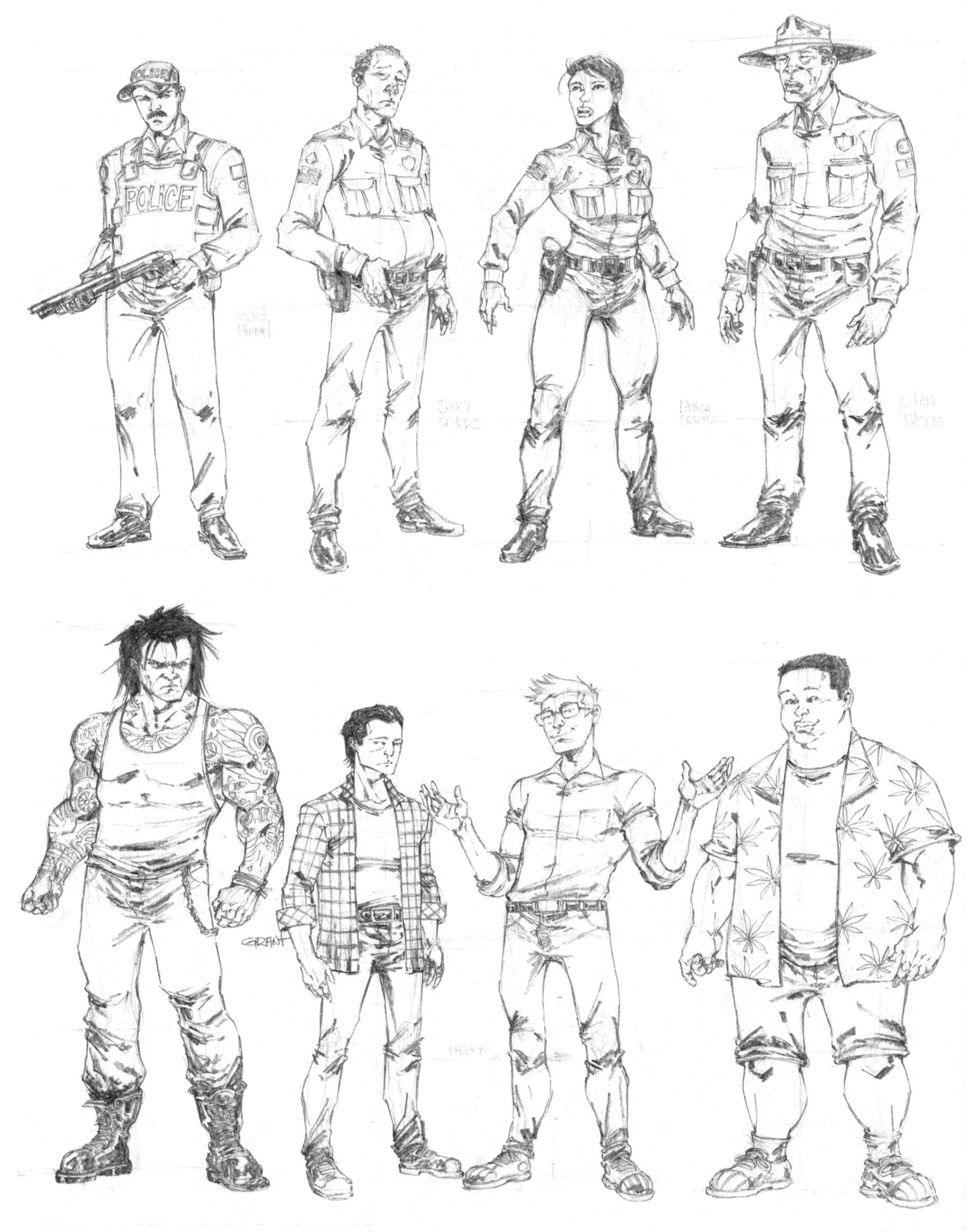

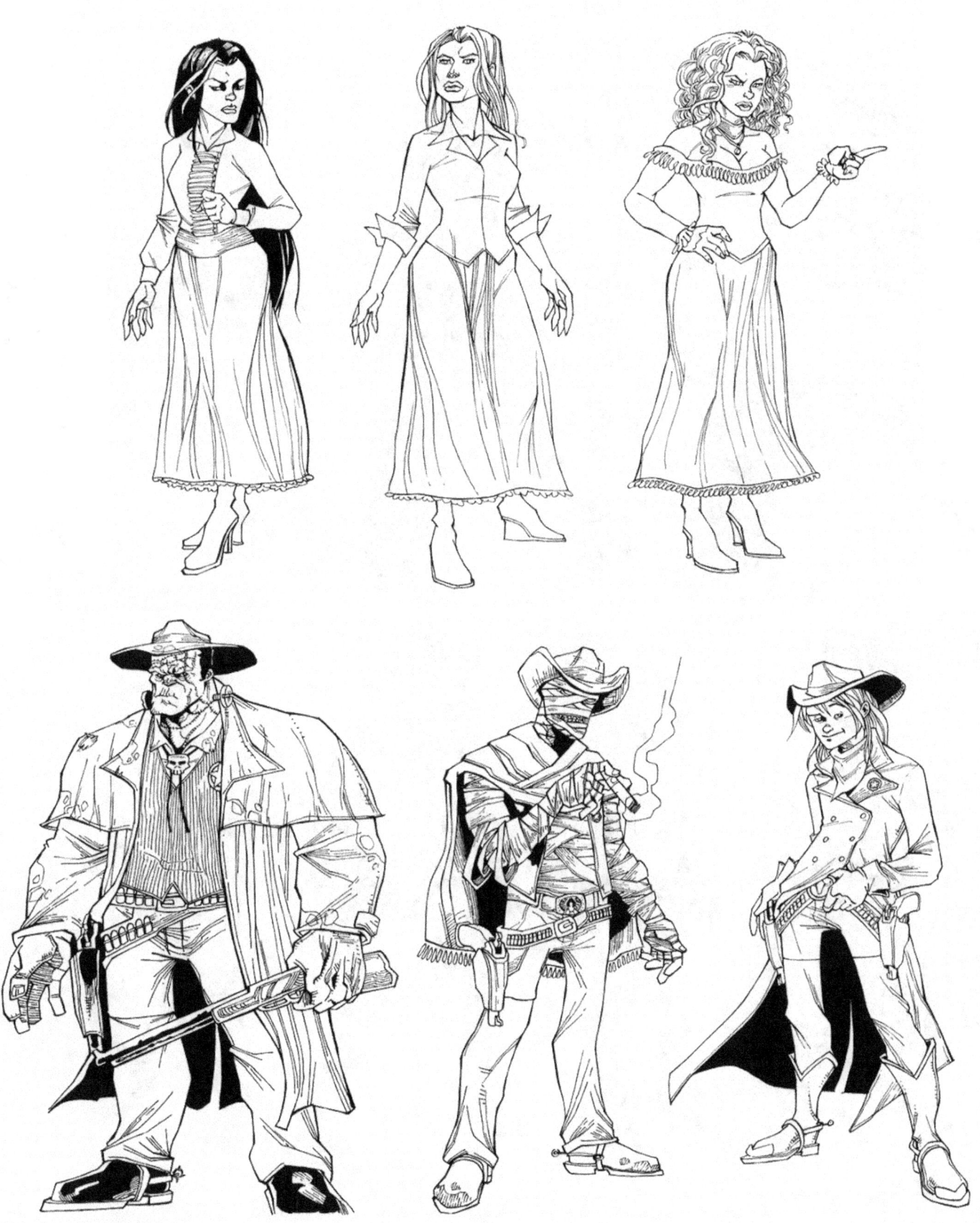

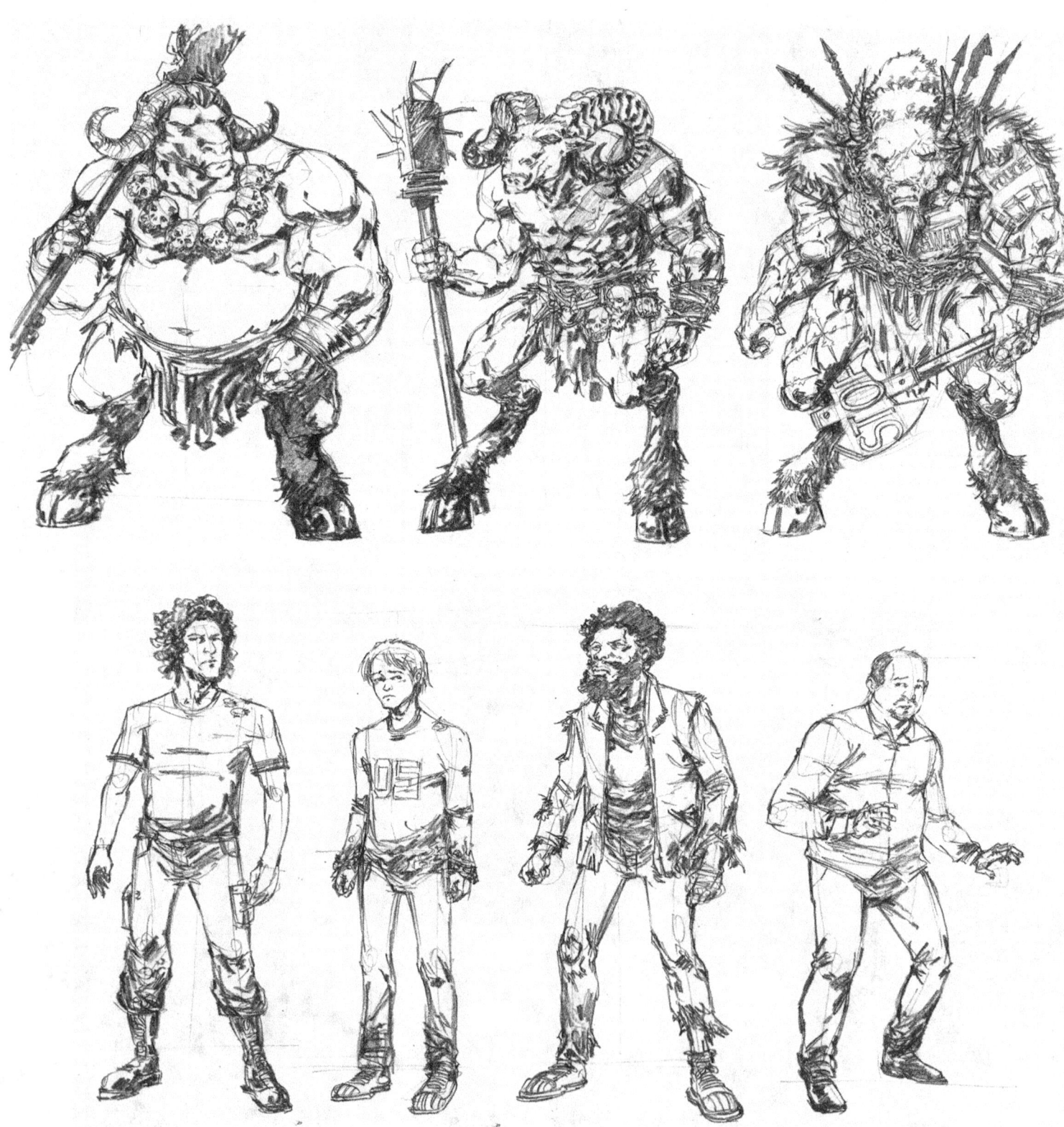

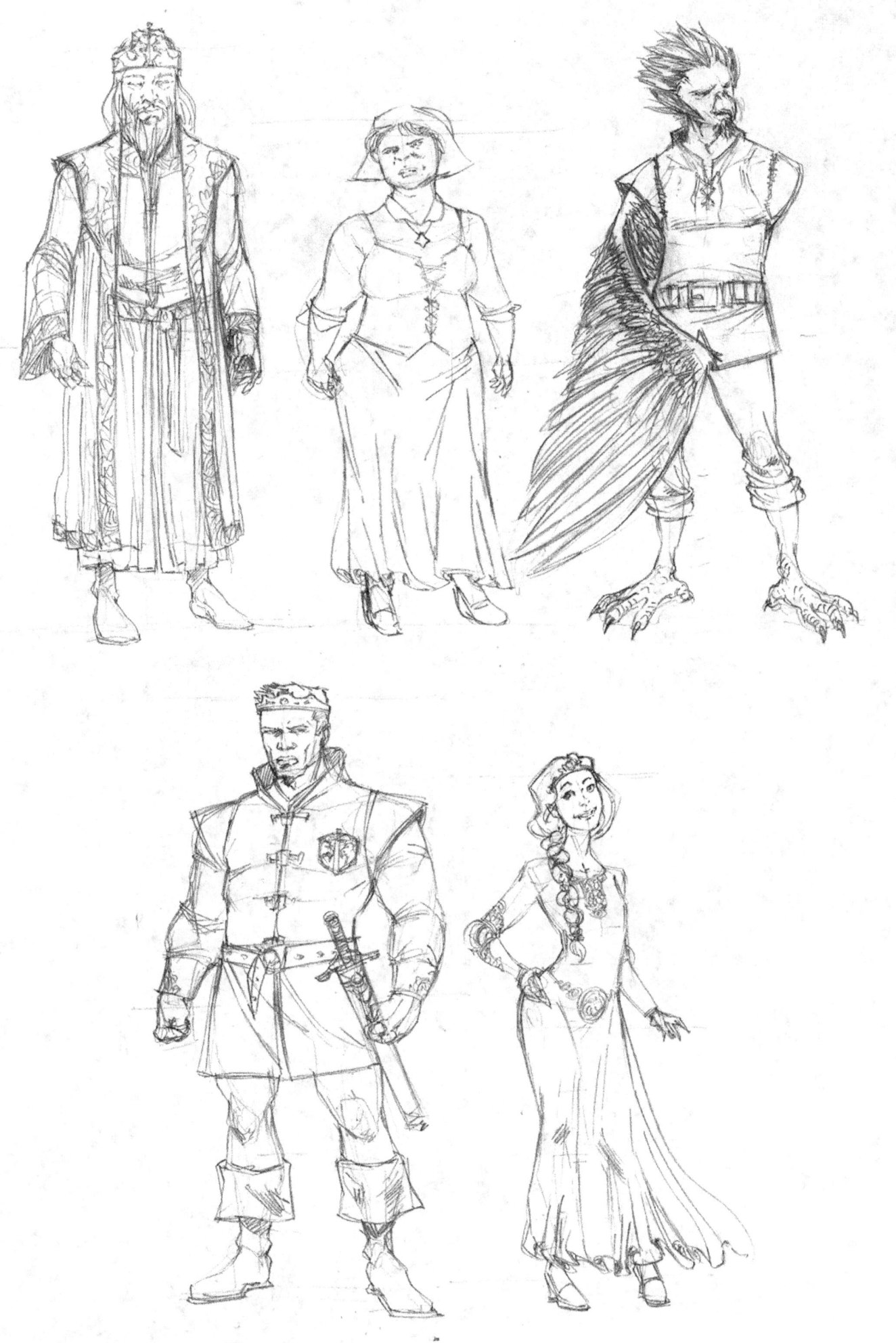

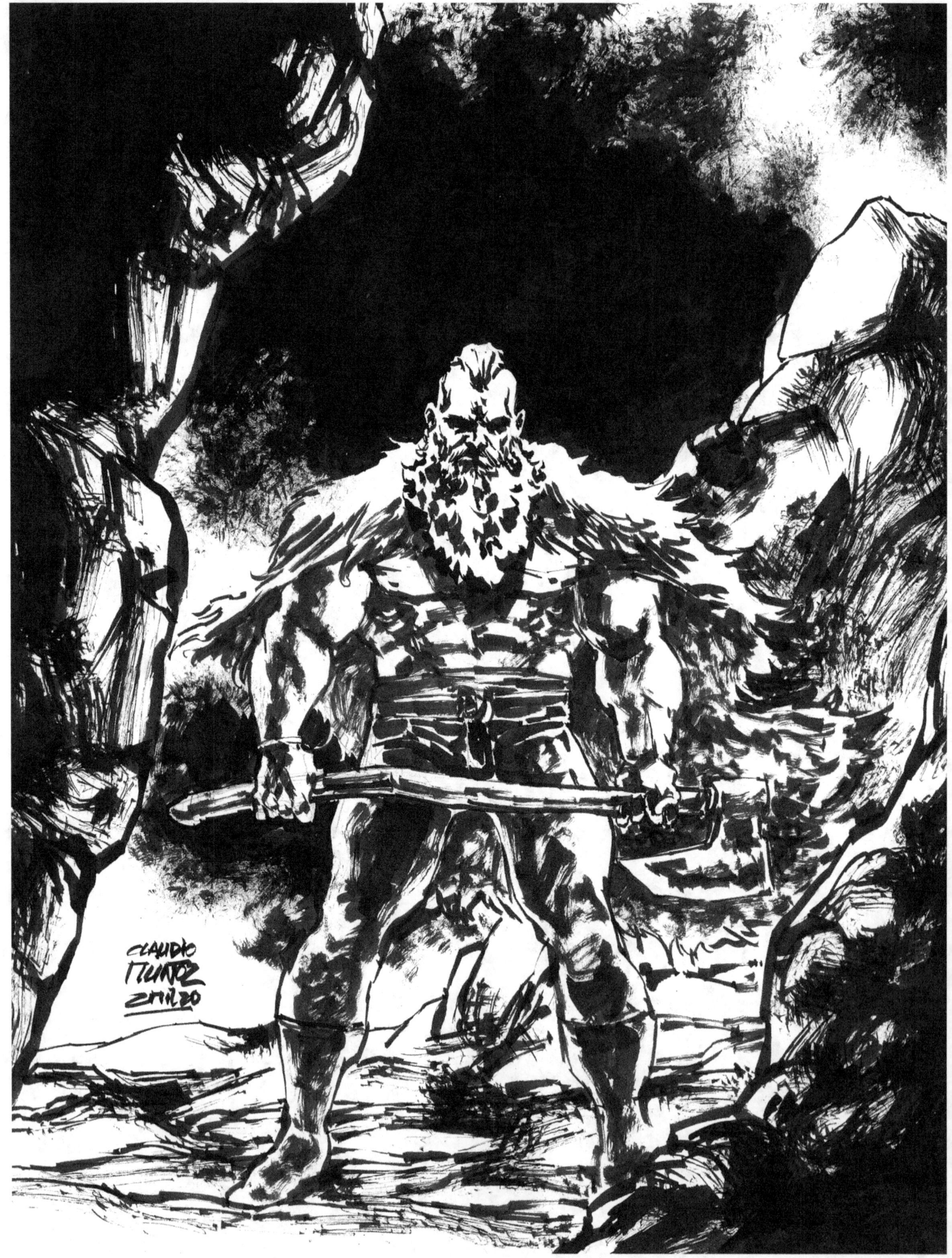

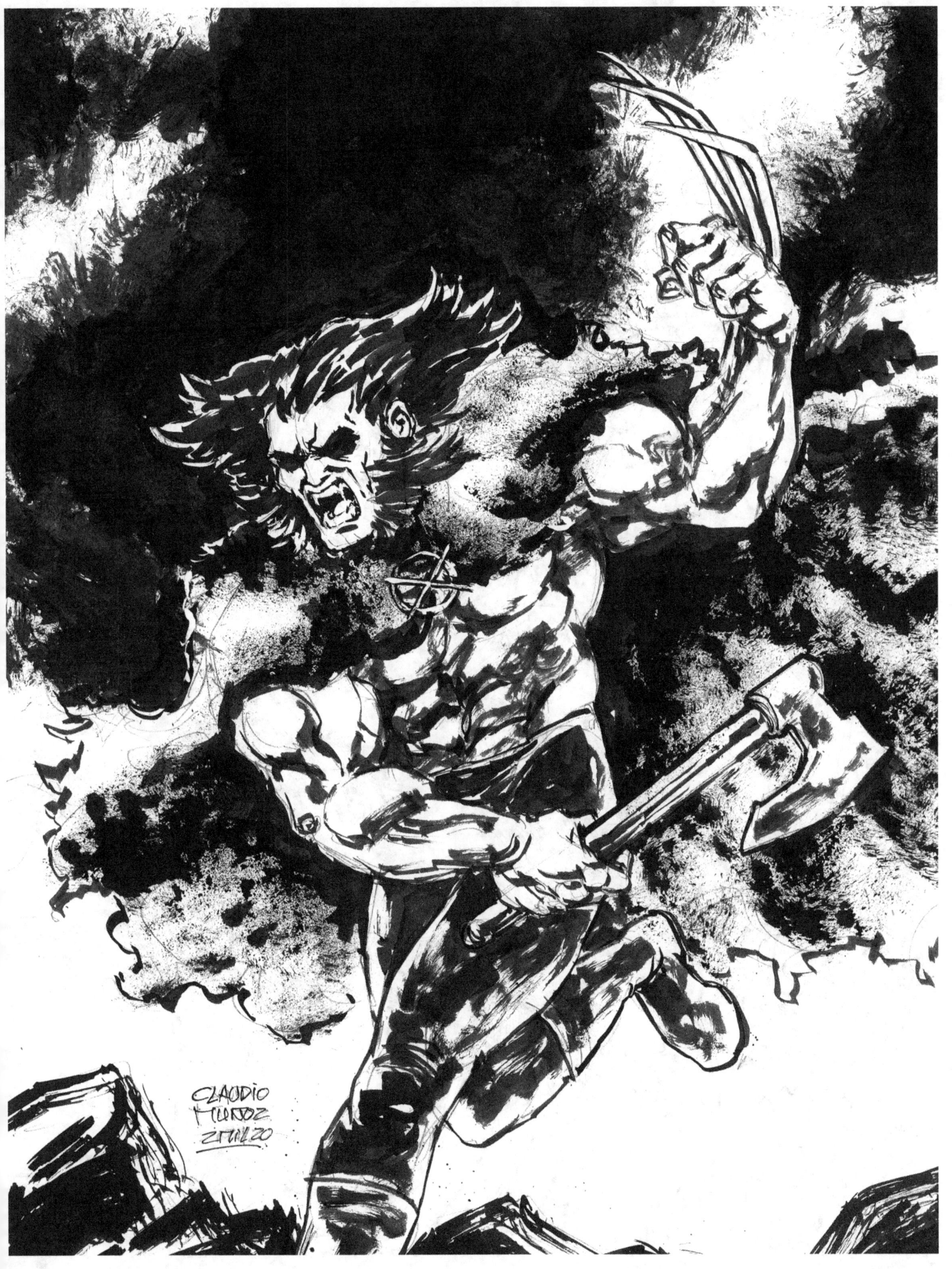

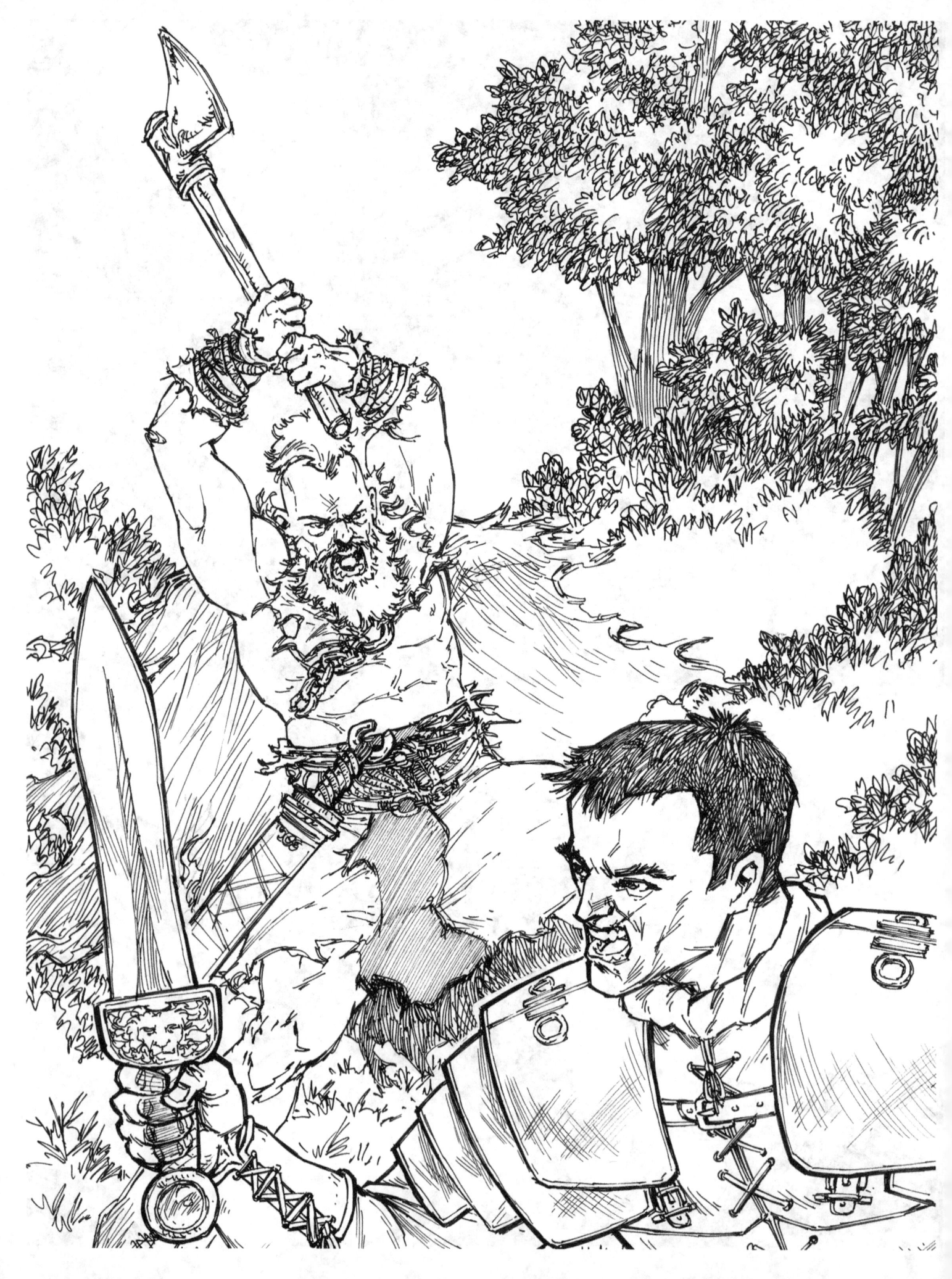

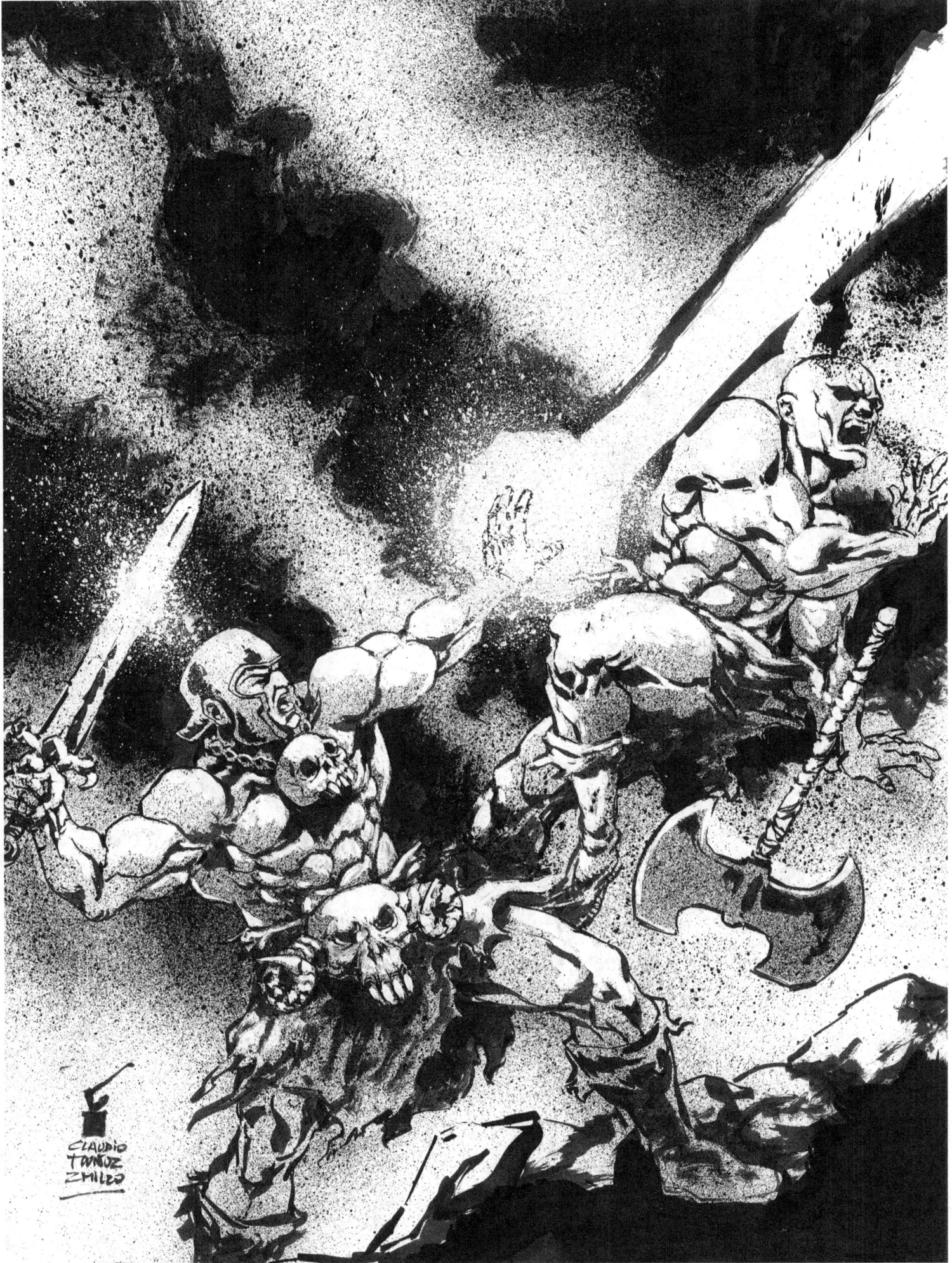

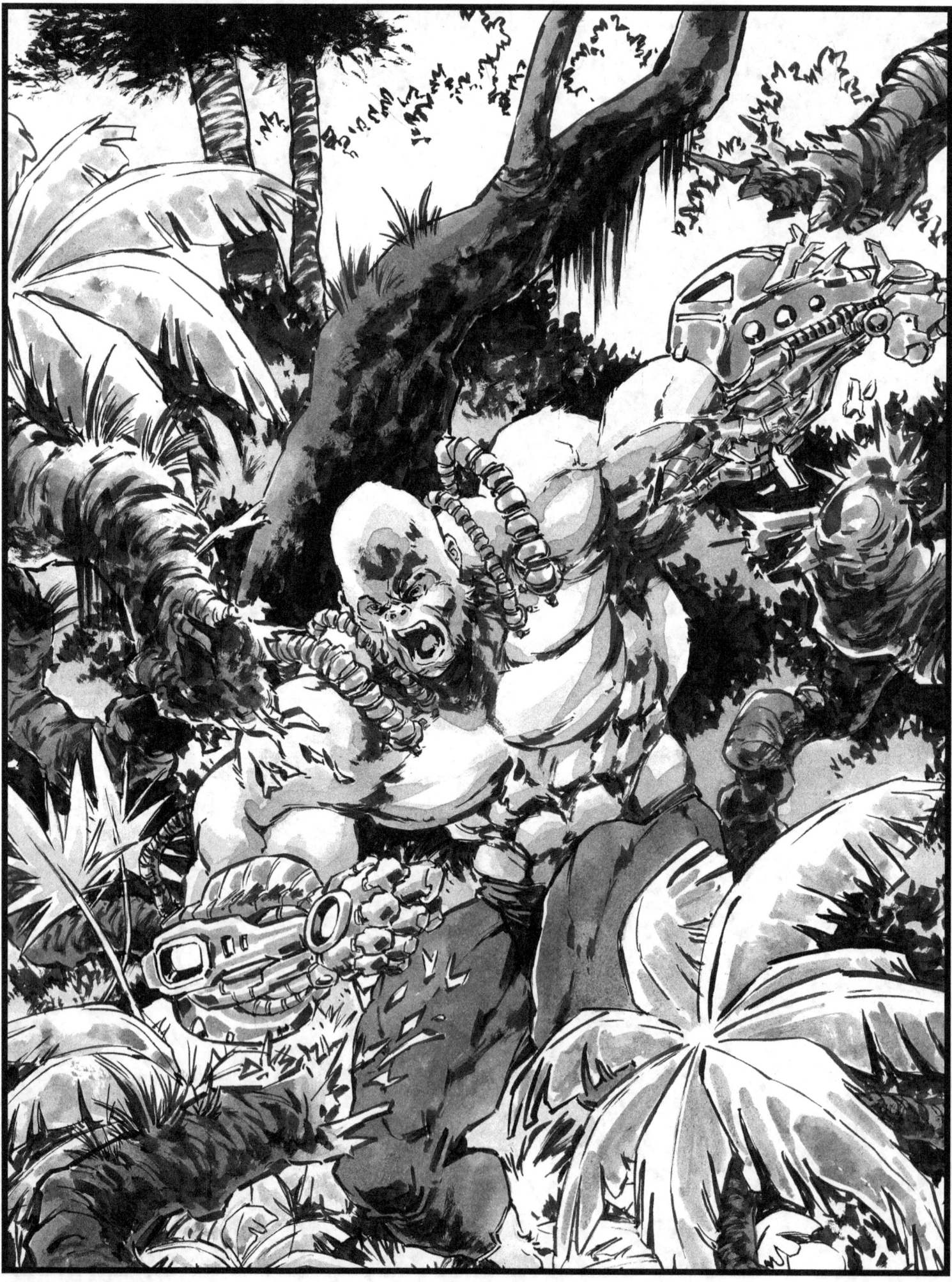

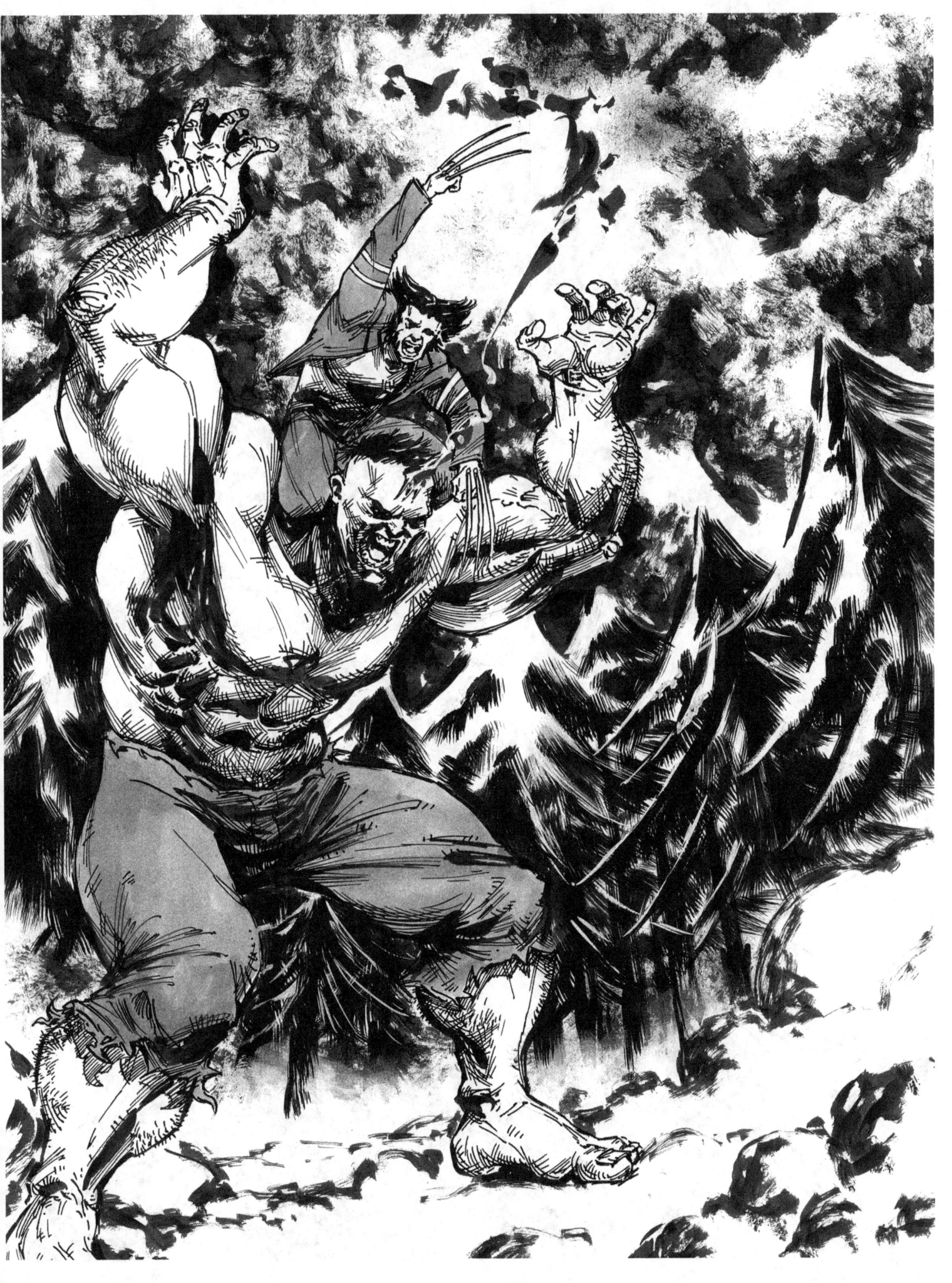

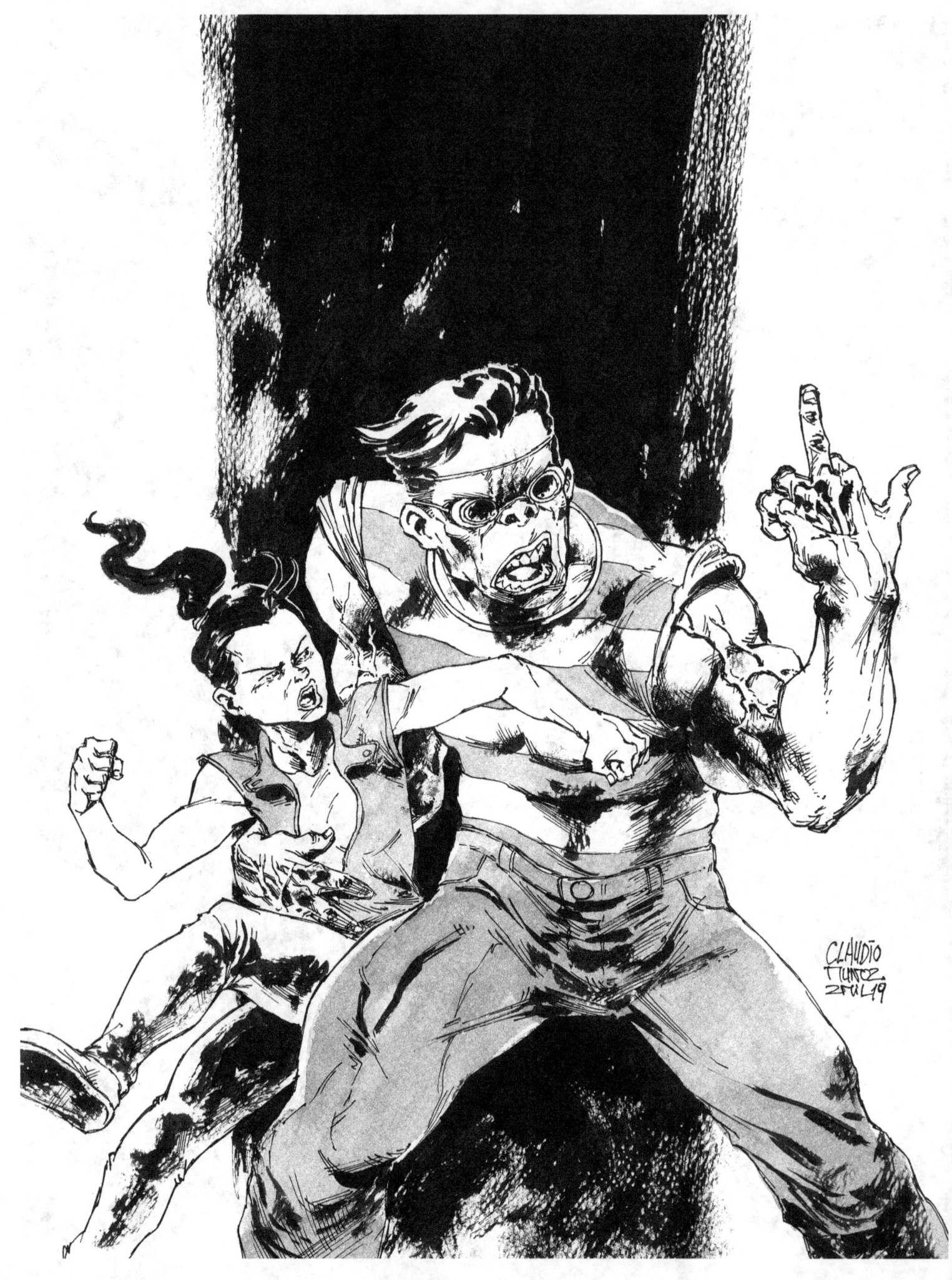

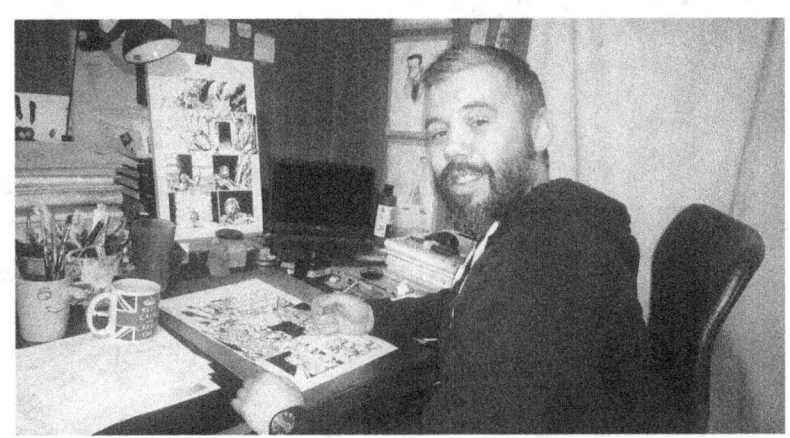

Claudio Muñoz es un narrador gráfico e ilustrador chileno, nacido en Temuco en 1982. Cuenta con más de 15 años de experiencia. Ha publicado entre otros títulos: Papelucho en Historietas, Dr. Mortis, Zombies en la Moneda, Me llaman PULP, Crónicas de Mythica, etc. Ha trabajado en Chile en editoriales como: SM, Zig-Zag, Norma chile, Grupo Santillana, Copesa, Arcano IV, Mythica, Tabularasa, Ariete, etc. En USA, durante más de 10 años ha publicado, diversos proyectos para pequeñas editoriales y/o Antologías, entre otros "Alterna Comics", "Dance Panda Comics", "XEI Books", "Ginger Rabits Studio", "I liked it`s comics", "Monster Creations", etc. En 2021 resulta favorecido con la Beca de Creación del Fondo del Libro y la Lectura, con su proyecto "Gonzales y Alfaro y El Misterio del Subterráneo secreto de los Jesuitas".

Entre sus trabajos más importantes se destacan la colección completa (12 libros) de Papelucho en Historieta para Editorial Unlimited, que realizó junto a Alejandro Rojas en la adaptación y basados en los libros de Marcela Paz; Futbolitas, que realiza junto a Kóte Carvajal para Editorial Zig-zag; Lautaro el Ascenso, para editorial SM, con guión de Francisco Inostroza y Felipe Benavides, y que actualmente se encuentra próximo a publicarse en Korea a través de Editorial MoonDo, y en USA por Editorial Ends of the World; y Fuego y Acero, de creación propia y publicada a través de Editorial Ariete Producciones.

A obtenido varios reconocimientos a nivel nacional e internacional; en 2017 su comic "Attack on Bug City" es finalista como mejor historia corta en los premios Ghost City Comic Competition en USA; en 2019 y 2020 su serie Fuego y Acero es nominada a mejor comic en los Premios FIC y Premios Pepo simultáneamente, ambos en Chile; En 2023 su comic Lautaro El Ascenso gana los premios FIC en las categorías Mejor Portada, Mejor Dibujo y Mejor Guión; También en 2023 Lautaro El Asenso obtiene Medalla de Bronce en el Japan International Manga Award, premio que otorga el Ministerio de Relaciones Exteriores de Japón.

+++

www.youtube.com/c/ClaudioMunozArtist
www.instagram.com/claudiomunozartist/
Portfolio http://caoz-portfolio.blogspot.com/
E-MAIL claudiomunozcabrera@gmail.com

OTROS LIBROS DEL AUTOR

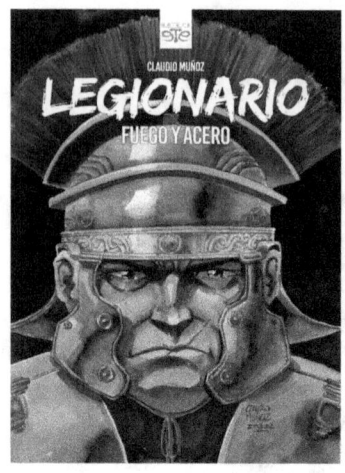

FUEGO Y ACERO

Antología de hitsorias cortas, todas relacionadas con la guerra y el camino del guerrero. En ellas el lector encontrará la verdarea guerra, no esas tonterias sobre el heroismo y la gloria. En Fuego y Acero el lector descubrirá la injsuticia, la muerte, el hambre, el barro, el frío. Cuatro historias sobre el arpendizaje, el despecho, la pérdida de la inocencia y la venganza.
Guión y Dibujo: CLAUDIO MUÑOZ CABRERA
Disponible en   www.arietepro.cl

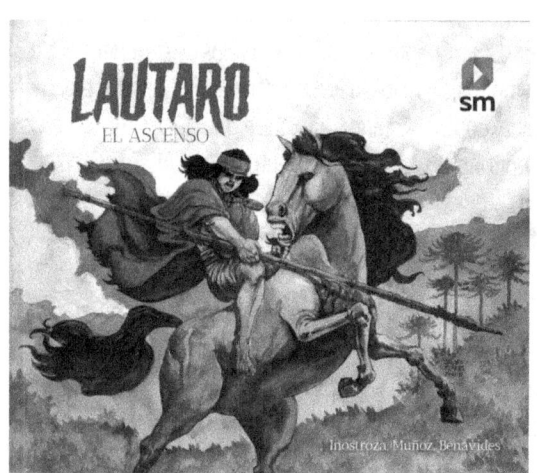

LAUTARO EL ASCENSO

Cuando el Imperio Español conquistó el pais mas austral del mundo, tuvo que enfrentarse a un indomito pueblo llamado Mapuche. Los Mapuche no se dejaron conquistar. Esta es la historia de Lautaro, el lider Mapuche que ganó la primera batalla contra los Españoles.
Guión: Francisco Inostroza y Felipe Benavides
Dibujo: Claudio Muñoz Cabrera
Color: Kóte Carvajal
Disponible en   www.tiendasm.cl

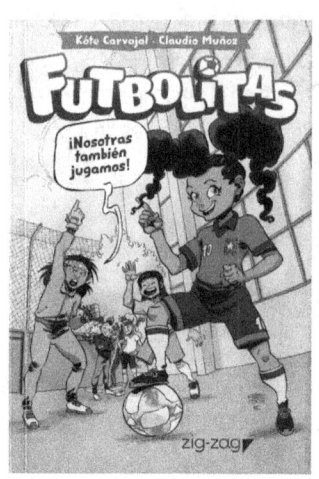

FUTBOLITAS ¡NOSOTRAS TAMBIÉN JUGAMOS!

Un grupo de niñas de diez años deberá enfrentar los prejuicios para crear su propio equipo de futbolito. Descubre en esta Novela Gráfica si serán capaces de sobrevivir a los entrenamientos, superar los desafíos y transformarse en un equipo capaz de vencer los prejuicios y a sus rivales al mismo tiempo.
Guión y Color: Kóte Carvajal
Dibujo: Claudio Muñoz Cabrera
Disponible en www.tienda-zigzag.cl

OTROS LIBROS RECOMENDADOS

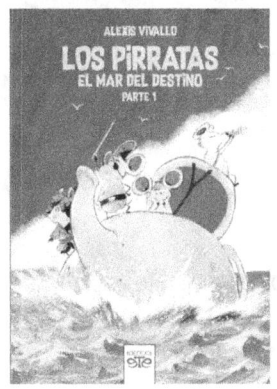

LOS PIRRATAS

Un grupo de valientes y aventureros ratoncitos atravesarn los mares montados en una tetera en busca de incontables aventuras. Una saga llena de accion, emocion, aprendizaje y entretención.
Guión, Dibujo y Color: Alexis Vivallo
Disponible en   www.arietepro.cl

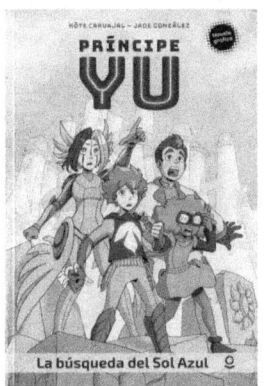

PRINCIPE YU

El Imperio Adonita se ve amenazado por una revelión de las naves mas lejanas a la capital. Yu deberá encontrar la forma de ayudar a sus padres, mientras intenta ser un niño normal.
Guión y Color: Kóte Carvajal
Dibujo: Jade González
Disponible en   www.loqueleo.com/cl

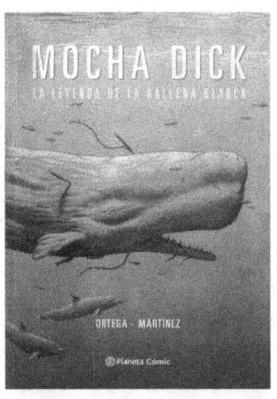

MOCHA DICK

La verdadera historia que sirvió de inspiración para que Herman Melville escribiera su obra maestra Moby Dick. Una aventura donde tres jóvenes recorrerán el asombroso mundo de la caza de ballenas a finales del s. XIX y de paso descubrirán el valor de la camaradería y la lealtad.
Guión: Francisco Ortega
Dibujo: Gonzalo Martínez
Disponible en   www.planetadelibros.cl

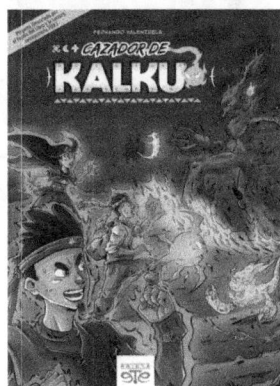

CAZADOR DE KALKU

Una extraña enfermedad esta afectando a los niños, el Cazador de Kalku deberá enfrentar las fuerzas del mal, en una aventura que mezcla emoción y acción con la mitologia ancestral del sur del mundo.
Guión y Dibujo: Fernando Valenzuela
Disponible en www.arietepro.cl

OTROS LIBROS RECOMENDADOS

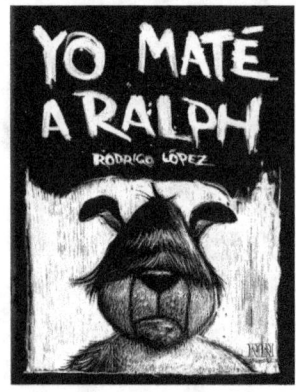

YO MATE A RALPH

A Ralph y a mi nos unía un lazo especial. Sin uno no podía existir el otro. El robaba las obejas. Yo las cuidaba.
Guión y Dibujo: Rodrigo López
Disponible en @nosotrosnoediciones

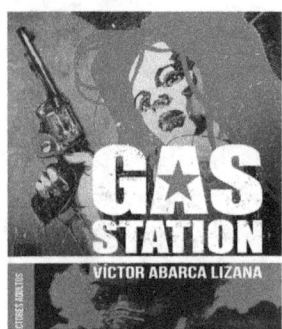

GAS STATION

Val Bruises es un perdedor, perseguido por la soledad, el alcohol y las visiones de una fantasia con rostro femenino. Pasa sus dias haciendo trabajos detectivescos mediocres, en Los Angeles (EE.UU.) de mediados de los años 70.
Guión y Dibujo: Victor Abarca
Disponible en www.arietepro.cl

INJUSTICIA

Una tragedia en la que nadie gana, terminas en la carcel o muerto. En esta hsitoria seas protagonista o antagonista, sufres de injusticias. Hay otros comics en donde el heroe salva al mundo. Aqui, eso no pasa.
Guión y Dibujo: Cristian Docolomansky
Disponible en www.arietepro.cl

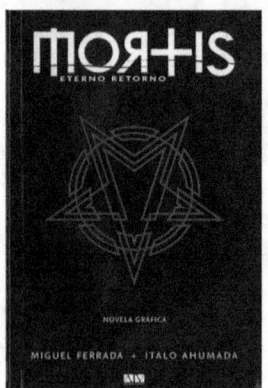

MORTIS ETERNO RETORNO

El mal es una fuerza viva, que duda cabe. Se intuye casi como un aroma, una textura que repta en nuestro interior cuando la rabia levanta oleajes oscuros en nuestra alma.
Guión: Miguel Ferrada
Dibujo: Italo Ahumada
Disponible en www.arcanoiv.cl

OTROS LIBROS RECOMENDADOS

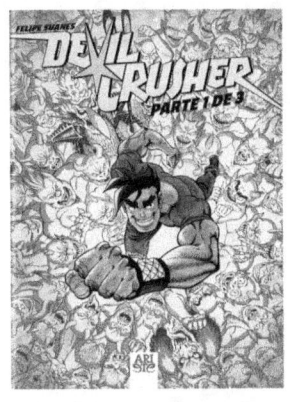

DEVIL CRUSHER
Ivan Bronco descubre que su escuela ha sido invadida por demonios y hechiceros bajo extrañas circunstancias, así que debera levantar los puños y pelear por su vida.
Guión y Dibujo: Felipe Suanes
Disponible en www.arietepro.cl

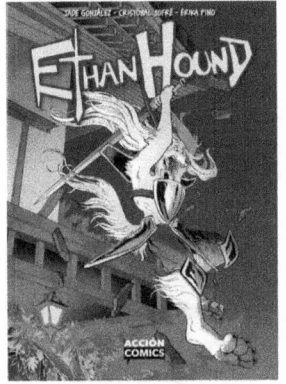

ETHAN HOUND
Un valeroso caballero viaja de uelta a casa después de la guerra, perseguido por los errores de su pasado. En el camino encuentra a los peores compañeros de viaje que podría esperar. ¿Serán capaces de sobrevivir a los peligros del camino y a ellos mismos?
Guión y Dibujo: Jade González y Cristóbal Jofré
Color: Érika Pino
Disponible en www.acioncomics.cl

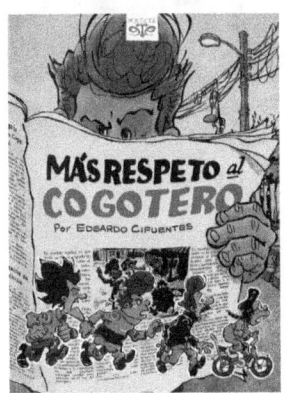

MAS RESPETO AL COGOTERO
Dos ladrones disfrazados de payasos asaltan los buses de locomoción colectiva de Barrio Peladero, pero uno de ellos decide retirarse, por que siente que ha perdido el toque. Mientras un estafador intenta montar una secta. El detective Escalopes y sus asistentes deberán resolver estos y otros misterios.
Guión y Dibujo: Edgardo Cifuentes
Disponible en www.arietepro.cl

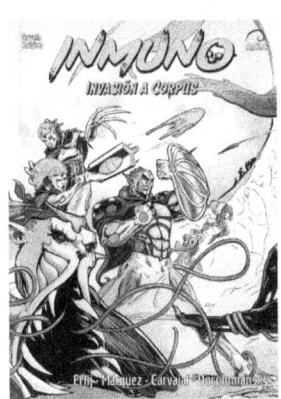

INMUNO INVASIÓN A CORPUS
Desde que naces, tu cuerpo pelea contra mortiferos invasores todos los días. Honorables guerreros se sacrifican para protegerlo.
Guión: Daniel Erlij y Kote Carvajal
Dibujo: Juan "Nitrox" Márquez
Tinta y Rótulos: Cristian Docolomanski
Disponible en www.aureaediciones.cl

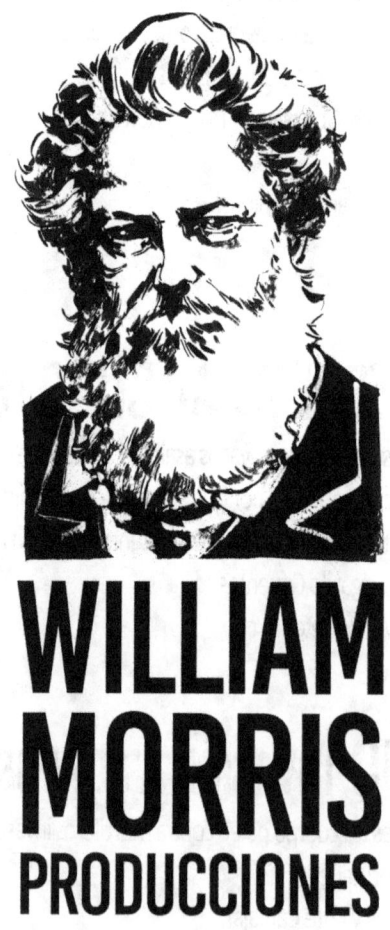

www.ingramcontent.com/pod-product-compliance
Lightning Source LLC
Chambersburg PA
CBHW080502220526
45465CB00006B/2353